Marie-toi et sois soumise

Costanza Miriano

MARIE-TOI ET SOIS SOUMISE

Pratique extrême pour femmes ardentes !

Traduction de Julia Philippe
et Marie-Laure Henry

Le Centurion

Sommaire

Marie-toi et sois soumise

L'hôpital se moque de la charité

« Costanza, explique-moi encore une fois : pourquoi dois-je me marier ? Et dans quinze jours seulement ? »

Le temps d'ajuster mon oreillette, de déposer ma canette dans le porte-gobelet (sacrées voitures américaines !), de cracher mes pépins de mandarine (par terre, évidemment... cher époux, je te promets qu'un jour j'apporterai un sac et je nettoierai tout, même les papiers de Mi-Cho-Ko), et la poubelle qui me sert de voiture se métamorphose... Le repaire de la femme dissolue qui déjeune aux feux rouges sur les bords du Tibre devient en quelques secondes un petit salon cosy. Et moi, l'Oprah Winfrey des pauvres.

C'est beau l'amitié. C'est beau et nécessaire. Pas seulement parce que je trouve extrêmement commode d'avoir à mes côtés quelqu'un qui a le courage de me dire en face que ce balayage nuance « nèfle putréfiée » ne va pas du tout avec ma nouvelle coupe au carré, quelqu'un qui s'efforce de me fournir une bonne raison pour justifier l'achat d'un neuvième collier de perles de jais (« Mais si, c'est LA solution miracle pour résoudre ton problème de garde-robe ! »), quelqu'un qui s'extasie sur mon sens admirable de l'organisation, ou qui me certifie qu'il était en effet totalement imprévisible que les quatorze petits copains de mes enfants invités à la maison échappent à tout contrôle et massacrent à coups de ballon les deux seuls rosiers qui avaient réussi à fleurir dans le jardin.

Non, l'amitié m'est nécessaire parce qu'elle me permet de distribuer des conseils, et ça, c'est une activité extrêmement gratifiante.

En effet, comme mes amis, plus exactement mes amies, ne m'ont entre les pattes que pour une durée limitée, elles doivent être capables de supporter un taux de harcèlement plus élevé. Ce qui n'est pas le cas de mes enfants, par exemple, auxquels je suis collée comme une moule à son bouchot : quand je suis en mode « sermon », ils basculent sur « off », leur regard se fixe sur l'une de mes boucles d'oreille, ce qui leur permet de concentrer leur attention sur l'aventure stupéfiante des X-men qu'ils pourront finir de lire quand j'aurai enfin terminé de leur expliquer les bienfaits d'un travail méthodique et soigné. Quant à mon mari, c'est un homme intelligent : il a tout de suite appris à caser des « Ah ? », « Vraiment ? », « Mais oui, je pense la même chose », « Bien sûr », presque toujours à bon escient, ce qui lui permet d'alimenter nos conversations avec efficacité et un minimum d'efforts. S'il m'arrive de douter de la qualité de son écoute, je le teste avec un : « Mon chéri, je suis à nouveau enceinte. » De sa bouche sort un son étranglé, signifiant que la frange superficielle de ce que je raconte, je ne sais comment, lui parvient...

À l'inverse, mes amies, elles, semblent écouter mes avis, voire les prendre en considération. Plus par affection que pour la pertinence de mes propos (j'ai à peu près la finesse psychologique d'un avant-centre de l'Inter de Milan), même si, soyons honnête, d'un strict point de vue statistique, il m'arrive parfois de tomber juste.

Quel que soit le problème posé, ma réponse habituelle est, au choix :

– Il a raison ;
– Épouse-le ;
– Faites un enfant ;
– Obéis-lui ;
– Faites un autre enfant ;
– Déménagez dans sa ville ;
– Pardonne-lui ;
– Essaie de le comprendre ;
– Faites un enfant.

Celles qui ne veulent pas m'entendre leur tenir ce genre de propos disparaissent des écrans radar. Comme j'ai un sens aigu de l'observation, après une bonne dizaine de mails sans réponses et quelques SMS glacés, je comprends. Mais les autres, celles qui pensent comme moi, ou qui m'aiment malgré tout, continuent à m'appeler. Et elles, oui, elles me donnent entière satisfaction !

Prodiguer des conseils est une chose merveilleuse. C'est la raison des si nombreux « Excuse-moi, mon chéri, j'appelle ma copine. J'en ai pour une seconde. » Rien de tel, par ailleurs, que de passer un coup de fil à une copine pour échapper à la bagarre de mes deux garçons qui s'envoient de grands coups de gourde pour s'emparer de la tête d'un bonhomme Lego d'un centimètre de haut sous prétexte que celle-ci a une moustache, alors que dans le même temps, les deux filles ont renversé par terre un kilo de vermicelles.

Mais mes amies me sont surtout utiles car, contrairement aux générations de femmes qui nous ont précédées, nous n'avons plus de route toute tracée devant nous. Réfléchir ensemble à voix haute, clarifier nos idées sur notre vie, notre identité, sur tous les choix qui s'offrent à nous et qui n'ont jamais été aussi nombreux qu'à notre époque, est très utile. À Rome, la locution « Je passe te voir 5 minutes ! » étant un oxymore, il est plus que jamais nécessaire, voire indispensable, de payer des sommes astronomiques aux compagnies de téléphone.

Nos vies sont souvent le résultat de savants équilibres « personnels », tellement personnels, d'ailleurs, que l'on se sent parfois très seule... Il faut redéfinir un style de couple, puisqu'il n'y a plus de style commun, partagé par tous (il m'est arrivé, après des discussions interminables sur le menu hebdomadaire, de regretter amèrement le temps où les maris ne se matérialisaient qu'à l'heure des repas en demandant « Qu'est-ce qu'on mange ? » ; moins de partage des tâches, peut-être, mais aussi beaucoup moins de problèmes.)

On doit trouver une place pour le travail, une place pour la famille, une place pour le couple.

Et lorsque tout est casé, trouver peut-être, éventuellement, hypothétiquement, s'il reste un petit peu d'espace, une place pour nous-mêmes.

À vrai dire, je ne connais aucune femme dans mon entourage qui se sente particulièrement concernée par les questions dont s'occupent avec tant de zèle de nombreux journaux et associations féministes. Quand on est dans la queue du supermarché, qu'il pleut, que le match de football et le cours de catéchisme vont bientôt se terminer (à la même heure, mais pas au même endroit), qu'une de nos filles dort dans le caddie et que l'autre doit aller aux toilettes très, très vite, quel intérêt pourrait-on bien trouver à toutes ces proclamations sur les femmes qui ne seraient embauchées que pour leur physique, sur les lois sauvages de la réussite ou sur la cruauté de la société de l'image qui nous contraint inévitablement, pauvres de nous, à recourir à la chirurgie esthétique. Quant au besoin de reconquérir notre autonomie, prôné par les mêmes personnes... Peut-être ai-je fait une sélection trop rigoureuse des femmes « hors normes » admises dans mon cercle, mais aucune d'entre elles ne sent son autonomie sérieusement remise en question par quiconque.

Je ne connais aucune femme qui, au début d'une relation amoureuse, se sente particulièrement oppressée ou même interpellée par la position du Saint-Père sur le sujet.

Je ne connais aucune femme qui perçoive comme une entrave la position de l'Église sur la régulation des naissances, position qui fait pourtant s'étouffer d'indignation l'univers médiatique (mais critiquer l'Église, c'est comme porter du noir : cela va avec tout et ne se démode jamais).

Je ne connais aucune femme perturbée d'avoir été empêchée d'avorter dans le confort de sa salle de bain ; j'en connais un grand nombre qui le sont, en revanche, parce qu'un enfant n'arrive pas, que ce soit en raison de l'âge, d'un compagnon trouillard, ou d'une vie trop compliquée pour l'accueillir.

J'en connais beaucoup qui sont gênées par les CDD à répétition, et l'instabilité qui en découle rend plus difficile encore de faire des projets à long terme. Nous sommes nombreuses à être gênées par l'hostilité que le monde du travail nourrit à l'égard de nos enfants. En effet, à moins de les mettre tous à l'orphelinat, nous ne saurions prétendre être considérées à égalité avec les collègues qui n'en ont pas. Donc, surtout, ne pas trop en parler au bureau. Tout au plus une photo, au fond du deuxième tiroir, cachée sous un numéro de *Vanity Fair* (qui lui, est admis !).

Nous, les femmes normales, sommes nombreuses à être gênées quand un enfant a trente-neuf de fièvre la semaine où ses grands-parents sont justement en vacances (cela arrive systématiquement : la science l'a démontré), que la nounou ne peut pas venir (parce qu'elle a le même virus que l'enfant) et que les engagements du papa, eux, ne peuvent être remis à plus tard. Ainsi, une mère qui reste à la maison pour s'occuper d'un enfant malade et ne se déclare pas malade elle-même, parce qu'elle n'a pas voulu mentir (ce que personne n'a fait, j'en suis certaine, depuis sa première année de catéchisme au moins), se voit : a) diminuer son salaire (cela, on peut encore l'accepter) ; b) supprimer ses cotisations retraite ; c) réclamer unc déclaration sur l'honneur à faire établir devant un fonctionnaire de mairie (ce pour quoi il lui faudra à nouveau prendre un jour de congé).

Tout cela parce que les enfants sont le bien de la société tout entière. Ça, c'est dérangeant.

Dérangeants aussi, ces films pour enfants saturés d'un double sens douteux, qui font échanger des clins d'œil aux grands et nous empêchent malheureusement de dire aussi souvent qu'on le voudrait au petit dernier : « Mon trésor, va regarder un peu la télévision ». Parce que oui, on peut avoir recours à de basses manœuvres pour se reposer un peu. Hélas, c'est oublier celle qui, tapie au fond de chacune d'entre nous, ne se repose jamais : la Mère Parfaite. Elle est là et veille. C'est elle qui me donne cette voix de velours pour dire, sans hurler parce que je suis parfaitement calme et maîtresse de la situation : « Mon chéri, ce serait bien de ne pas te jeter du haut du lit superposé avec pour cape de Batman ma seule robe de soirée présentable. S'il te plaît. »

C'est la Mère Parfaite, toujours elle, celle que je devrais être, qui me fait afficher un sourire radieux lorsqu'après une partie de la nuit passée à travailler et quatre heures de sommeil, je dois résoudre un conflit resté en suspens la veille au soir, alors que je voudrais consacrer toute mon énergie à me souvenir laquelle des deux lentilles de contact va à droite, droite qui se trouve, si je ne me trompe pas, du côté de la main avec laquelle j'écris (dans un pays civilisé certaines compétences ne devraient pas être exigées de si bon matin). Tels sont nos problèmes quotidiens, et non le plafond de verre (barrière transparente mais infranchissable définie par les féministes) qui nous empêcherait de nous asseoir dans le plus gros fauteuil de la salle du conseil.

Maintenant, de nouveaux modèles de couples restent à inventer, car les rôles autrefois attribués dès le départ sont continuellement remis en question. Renégociation permanente des clauses du contrat.

La grande majorité des femmes travaillent. Les familles sont instables. La fertilité est maîtrisable, ce qui a des conséquences énormes et encore en partie inexplorées sur la vie des femmes : elles peuvent décider quand et combien de fois donner la vie. Sauf surprise, car on ne manipule pas la nature impunément.

Les tâches ne sont plus clairement définies, les contours de nos identités sont flous. Alors on cherche. On se cherche et on en parle. Amis intimes ou vagues connaissances, il nous suffit de passer une heure à une fête d'enfants pour étaler, entre les fraises Tagada et le Champomy, nos problèmes les plus intimes. Les mêmes conversations reviennent régulièrement ailleurs, même lorsqu'il n'y a pas des comptines en fond sonore.

Selon moi, en réponse à toutes ces interrogations communes, il y a une explication universelle. Il s'agit de revenir à notre nature, à ce pourquoi nous sommes faites, et d'admettre que lorsque nous allons contre nos aspirations profondes, nous sommes inquiètes et malheureuses. Mais, je ne sais pourquoi, cette nature féminine, nous l'avons oubliée.

En naissant dans le bon endroit du monde, à la bonne époque, c'est comme si nous profitions tous les jours d'une super cagnotte gagnée à l'Euro Million. Nous pouvons lire ce que nous voulons (les livres et Internet sont à disposition), nous pouvons aller faire une course sans avoir peur que l'on nous tire dessus, nous pouvons entrer dans une église et allumer un cierge devant un Pinturicchio, parce que nous ne vivons pas dans des endroits où l'œuvre la plus ancienne date du vingtième siècle, ni en d'autres lieux où l'on nous coupe la gorge si l'on possède une bible à la maison, nous pouvons manger plus ou moins ce qui nous plaît. Nous en avons parfaitement conscience, puisqu'il suffit d'un aïeul, pas nécessairement très âgé, pour nous rappeler des temps où l'on convoitait une cuillérée de sucre, et où l'on frottait un peu de saucisson sur du pain pour en garder la saveur et conserver le reste pour une autre fois.

Pour toutes ces raisons, et bien d'autres encore, nous devrions sauter de joie dès que nous posons le pied par terre le matin. Si nous ne le faisons pas, c'est parce qu'il y a en nous un désir profond et mystérieux qui n'est jamais assouvi : nous avons oublié ce que nous avons à faire sur Terre.

La vocation de la femme est de collaborer au don de la vie de toutes les manières possibles. D'engendrer, de soutenir, d'écouter, d'encourager les enfants, de sa propre chair et aussi les autres.

Notre génie féminin réside en tout premier lieu

dans le tissage de relations humaines. Imaginez une minute la vie de famille déléguée aux hommes : vous marcheriez dans les rues du quartier sans saluer âme qui vive. Chacune le sait bien, à chaque fois qu'elle échange deux mots avec le voisin, la pédiatre ou la catéchiste, l'ours qui se trouve à ses côtés lui demande : « Mais c'est qui ? », et surtout ne comprend pas comment elle arrive à se souvenir des prénoms des enfants de l'interlocuteur.

Nous seules savons trouver les bons mots, et les traduire lorsque cela est nécessaire, en particulier pour dialoguer avec celui qui se trouve à nos côtés. Alors que, par exemple, « Volontiers ma chérie » signifie, dans la langue de mon mari « Je le fais, mais il est clair que je préfèrerais être à la communion du fils des voisins », sachant que pour lui, l'hypothèse d'une fête chez les voisins est une éventualité particulièrement pénible à envisager. C'est un homme tellement convivial que, si aucune cause extérieure d'une gravité certaine n'intervenait, telle que par exemple l'impossibilité de retrouver ses clés, il préfèrerait ne pas gâcher de mots, encore moins s'ils sont de circonstance.

Nous avons reçu le talent d'accueillir et d'éduquer, mais pas seulement les enfants. Nous avons la faculté de percevoir le bien, chez les autres et en nous-mêmes. Parfois avec espérance, quand ce bien n'est qu'une petite lueur vacillante et qu'il faut vraiment ouvrir grand les yeux pour le voir, au milieu d'« une nuit sombre et orageuse ». Et Dieu seul sait à quel point il y a parfois des moments où, pour apprécier le côté positif de la situation, il faut une imagination digne d'un Jules Verne.

Et puis il faut de la patience, une patience infinie, pour répéter sans cesse les mots qui font grandir jour après jour. Car nulle ne pourrait se satisfaire que ses enfants marchent en chaussures sur le canapé, mettent leurs doigts dans le nez, mangent avec les mains, et n'utilisent le savon qu'en cas de véritable urgence (mon grand est rentré de camp avec le flacon de gel douche encore scellé ; j'en ai déduit qu'il n'y avait eu aucune urgence cette semaine-là !).

Si nous nions cette vocation qui est la nôtre, il y a quelque chose qui sonne faux dans le sens que nous donnons à notre existence. Nous devons donner, défendre, soutenir, appuyer la vie. Et il me semble que les femmes de ma génération qui, pour la première fois dans l'histoire, peuvent se demander si elles acceptent ou non ce rôle, le refusent avec sans doute un peu trop de légèreté.

Et elles réalisent trop tard qu'elles n'ont peut-être pas choisi ce qu'elles voulaient ; elles se rendent compte que c'est en se donnant que la femme devient vraiment elle-même, et que dès qu'il y a quelqu'un à protéger, elles peuvent trouver les forces pour surmonter n'importe quelle situation personnelle difficile, voire même désastreuse.

L'instinct maternel est une force puissante, qu'un certain féminisme a essayé de nier. Pour ceux qui récusent tout instinct naturel, arguant seulement d'un conditionnement culturel, il suffirait d'aller dans une école maternelle pour observer les troupes de petits guerriers, de chauffeurs de camion et de constructeurs d'un côté, et les files de mariées, de nourrices, d'infirmières et de cuisinières en herbe de l'autre : tous des enfants brimés et victimes des stéréotypes ?

Nous savons être maternelles avec toute personne ayant besoin d'aide ; même nos prières « sont mères de ce qui arrive dans le monde » (c'est Origène que le dit).

Lorsqu'elles deviennent mères (biologiques ou non), les femmes rayonnent. Elles mettent de côté leurs problèmes, retroussent leurs manches, et deviennent souvent des mamans très affectueuses et des femmes généreuses... même si elles ont pu être un peu fantasques ou lunatiques par le passé (je ne vois pas pourquoi vous me regardez... on vous a dit quelque chose ?)

Accepter la frustration pour le bonheur de l'autre guérit les blessures, même si cela peut être un peu pénible sur le moment : vous êtes en train de vous échapper furtivement pour une escapade « amoureuse » – il y a Philip Roth qui vous attend à la librairie – et la nounou, zélée, vous annonce que l'un de vos enfants a trente-huit de fièvre. Vous vous en doutiez, certes, mais ne pouvait-elle pas attendre que vous soyez sur le palier pour prendre sa température ?

Beaucoup de ces femmes qui continuent à différer, parfois pour de simples détails d'ordre logistique ou pratique, ce moment du plongeon dans la vraie vie – devenir mère – souffrent, souvent de manière inconsciente. C'est pourquoi, à elles toutes et à nous toutes, parce que nous oublions ce que nous faisons ici-bas, je sens l'urgence de dire deux ou trois choses.

Qui plus est, cet appel à témoigner ne date pas d'hier. Il me travaille depuis mon CE2, alors que je délivrais à la maîtresse (et à toute personne qui le désirait) des maximes et des perles de sagesse de haut vol, par exemple « Nous devons tous nous efforcer d'être bons ». Je compris rapidement que c'était beaucoup plus facile à dire qu'à pratiquer silencieusement : la réserve, la contenance, la retenue, l'exemplarité discrète ne sont pas pour moi. C'est beaucoup trop fatigant et trop peu gratifiant : et si personne ne me remarquait ? J'embrassai dès lors ma vocation de prédicatrice avec un grand zèle... qui ne fait aucun doute puisque je me souviens clairement des coups de coussins sur les lunettes assénés par mon frère et ma sœur, alors que je les invitais à éteindre la télévision et à consacrer leur temps libre plutôt à la lecture « qui contribuera davantage à votre croissance personnelle que Goldorak ». J'avais neuf ans.

Voilà pourquoi, quand je reçois en voiture le coup de fil d'une amie en crise préconjugale, je suis sur le pied de guerre en quelques centièmes de seconde. Une conseillère digne de ce nom est toujours prête à partir en mission, même quand elle porte une jupe Gap avec des taches de gras, et un tee-shirt jadis blanc qui est maintenant de la nuance *Costanza Marque Déposée* (un gris cendre éteint auquel on ne peut parvenir qu'en ratant avec une extrême précision sept lavages consécutifs).

Attention, je dois être convaincante :

- Miser sur la force du sacrement qui renouvellera toutes choses ;
- Ajouter que Domenico est un bon et brave garçon ;
- Souligner que la peur est inévitable quand on est sur le point de faire quelque chose qui durera toute la vie, même si cette chose est tellement belle qu'elle pourrait s'apparenter en fait à un crédit illimité aux *Grands Magasins*.
- Insister sur le fait que, si elle persiste à ne vivre que pour elle-même, elle ne portera pas de fruits.

- Ne pas lui dire tout de suite qu'elle aura peut-être parfois envie de dormir quand il lui parlera avec passion d'une fonction sur son nouvel ordinateur (le grand frisson !).
- L'inciter à savoir choisir, une bonne fois pour toutes, la couleur des carreaux de la salle de bain, même si elle doit lutter contre les yeux qui se ferment tout seuls. D'ailleurs, à ce propos, qui sait pourquoi il faut décider ? Pourquoi cette cruauté ? À chaque fois que j'ai changé de maison, j'ai demandé au vendeur si l'on pouvait faire un mix des carreaux en tête de ma sélection effectuée dans la douleur. Toujours la même réponse négative, au nom de cette convention incompréhensible qui est de commander au mètre carré !

Quoi qu'il en soit, je dois trouver les arguments qui calmeront cette crise de panique de la future épouse. Et si tous les voyants ne sont pas au vert – ce qui est à mon sens impossible – il me reste au moins vingt-quatre minutes de conversation téléphonique pour éviter la tragédie, même si, d'après les informations dont je dispose, quelques secondes suffisent : Domenico sait faire une ratatouille, il sait jouer à la guitare *I can see clearly now*, il a *Chemin de perfection* sur sa table de chevet et il est même capable de choisir un sac à main. Que peut-on vouloir de plus ?

Car là est le problème. Je ne sais pas ce que nous voulons de plus, nous qui sommes si souvent enclines à nous plaindre. Peut-être nous manque-t-il simplement de reconnaître notre vraie valeur, et d'admettre la capacité que nous avons à nous donner ? Peut-être qu'en acceptant la nature profonde qui est la nôtre, nous nous éviterions des inquiétudes inutiles, et nous arrêterions de noyer nos hommes sous des montagnes d'exigences qu'ils ne peuvent pas comprendre ?

Ces paroles édifiantes pourraient donner une image de moi un peu trop sage. Une femme avisée, travailleuse et épanouie qui jamais ne pourrait être surprise en train de se gaver de fruits secs devant son ordinateur, essayant de trouver les forces nécessaires à l'élimination des quelques mètres cube de linge à repasser. Une épouse dévouée, parfaitement maîtresse d'elle-même qui aurait su dès le premier jour de son mariage mettre de côté son égoïsme et accepter avec générosité de faire de la place à son conjoint (elle lui a tout de même laissé un tiroir). Une mère patiente et attentionnée, mais forte et pleine d'autorité, qui ne pourrait en aucun cas faire une crise de nerfs simplement parce que son collier de perles a été cassé lors d'un corps à corps entre deux princesses, et qui saurait, toujours avec une tendre assurance, guider ses enfants sur le droit chemin. Une fée du logis impossible à distraire de ses fourneaux par la lecture d'un texte, fût-il passionnant (mode d'emploi de la purée Mousline ou notice de la Biafine).

Et bien que je vous défende formellement de consulter mon mari sur le sujet – ce serait bas et mesquin – je peux facilement admettre que la ménagère sérieuse et appliquée que je voudrais être donne des conseils, mais en demande aussi abondamment. Et comme il est de la nature des conseils de nécessiter une réponse développée, les compagnies de téléphone me sont fort reconnaissantes.

Pour les questions à caractère médical me concernant il y a ma sœur. Médecin très informé qui sommeille sous un ingénieur civil, elle se révèle particulièrement indispensable en cas de suspicion de pathologie foudroyante et donc particulièrement angoissante, puisque tant que mes enfants ne maîtrisent pas la compétence mystagogique consisant à introduire une chaussette sale dans la corbeille à linge, je ne peux pas me permettre de tomber malade. Il serait terrible de les imaginer perdus dans la maison, en train de se dire : « Peut-être qu'elle a écrit dans son journal comment on doit faire ? » Donc dans ces cas-là, j'appelle ma sœur et je lui décris mes symptômes :

Elle — C'est au niveau de l'intestin, ou au-dessus du pancréas ?

Moi — Il est où, le pancréas ? S'il te plaît, ne m'embrouille pas la tête. Dis-moi juste que ce n'est rien.

En général, je me contente du « Si ça fait mal, ce n'est pas une tumeur », et quand elle commence à parler de thyroïde et d'autres glandes que je ne suis pas sûre de posséder (Est-ce que par hasard je l'aurais avalée ?), je détourne avec aisance la conversation sur le sac à main vert Miu Miu.

Pour les questions d'ordre pédiatrique, il y a la sœur de mon mari, qui aurait pu être un autre médecin très efficace. Bien qu'elle ait un fils proche du Master, elle se souvient parfaitement du dosage de paracétamol à administrer en fonction du poids, parce que, elle, contrairement à moi, sait combien ses enfants pèsent. Elle peut reconnaître tous les symptômes des maladies infantiles. Pour moi toute information à connotation médicale est nouvelle et fascinante comme un polar jamais lu, parce que j'oublie ce qui concerne ce domaine avec une rapidité foudroyante. En revanche, je me souviendrai en détails et pendant plusieurs années de l'agent Peterson, personnage magnifique que j'avais créé, après que mon fils se fut coincé le pied dans les rayons de la bicyclette de son grand-père. Vous, vous lui auriez probablement mis de la glace, mais moi, la première chose que j'ai eue à l'esprit a été d'inventer en urgence une histoire pour sécher ses larmes (l'agent Peterson m'a d'ailleurs servi ensuite des années durant pour administrer des potages, car comme vous le savez certainement, il est devenu l'un des meilleurs agents de la Police de New York grâce à sa forte consommation de légumes).

Après ma sœur et ma belle-sœur, il y a Emmanuela. Je vous déconseille fortement de l'appeler aux horaires des repas, parce que si la conversation glisse malencontreusement sur la question « Tu fais quoi pour le dîner ? », elle vous dira qu'elle est en train de préparer de beaux petits brocolis et une jolie sole toute fraîche qu'elle a achetés au marché. Elle vous le dira à vous qui ne savez pas de quoi a l'air une « jolie sole toute fraîche », ni comment on différencie les beaux brocolis des pas beaux, et vous serez dans l'obligation de lui avouer que vous venez d'ouvrir le frigo (il est huit heures du soir) et que vous allez probablement bricoler une sorte d'omelette (à condition que vous trouviez un œuf non périmé). Heureusement, de temps en temps, il m'arrive de tomber sur une tarte aux pommes « maison », oubliée avec une élégante insouciance par ma belle-mère qui ramenait une des filles du cours de danse.

Petite précision à l'intention de ma mère : je te redemande à chaque fois la recette du flan aux haricots verts parce que je l'écris sur un morceau d'essuie-tout qui me sert ensuite à nettoyer le plan de travail de la cuisine. La seule recette que je suis parvenue à mémoriser avec précision est aussi la seule qui soit impossible à proposer à mon hôte moyen – très en dessous de l'âge de onze ans, édenté et parfois avec une tétine – à savoir une version super piquante de goulasch.

Avec Costanza, mon homonyme et copine de lycée, nos conversations tournent plutôt autour des curiosités de la société contemporaine, telles que les fêtes d'anniversaire au centre commercial, l'épidémie des animateurs pour enfants, le retour de l'illettrisme (moi, parmi mes collègues journalistes, et elle, parmi ses étudiants à l'université).

Si je dois organiser quelque chose, j'appelle Chiara. Chiara est la reine de la logistique. Une fille capable d'inviter à dîner huit personnes trois jours après son accouchement, alors qu'elle a encore les points de suture de sa césarienne et la petite au sein. Et de leur préparer un menu complet, avec entrée, plat, dessert, apéritif et trou normand ! Quand je la vois, je pense que j'aurais bien besoin d'un coach de vie. Et tant qu'à choisir, je prendrais Pep Guardiola, pas du tout parce qu'il est très beau, mais parce qu'il a gagné tout ce qui se gagne dès sa première année comme entraîneur au FC Barcelone. Malheureusement j'ai peur que mon budget ne suive pas !

Avec quasiment toutes mes amies – que ce soit les très proches comme Marina, ou les autres – on peut passer, au sein d'une même conversation, du niveau le plus élevé (spiritualité, art, littérature) au niveau le plus bas (ragots, épilation de sourcils, achats compulsifs). Toutes, nous trouvons toujours la disponibilité nécessaire pour dresser d'interminables bilans de nos existences respectives : on peut parler pendant des heures, sans aucun apport de substances psychotropes, parfois jusque tard dans la nuit (car tant que, les enfants ne sont pas tous au lit, on ne peut que se cantonner à de brèves communications de service : demain seize heures parc avec goûter, je fais l'aller, tu fais le retour).

Et toi, cher homme ingénu qui es à mes côtés, tu penses que beaucoup de ces conversations téléphoniques sont superflues, que le bilan d'il y a une semaine est strictement le même que celui d'aujourd'hui, étant donné qu'aucun fait significatif ne s'est produit (pas de nouvelle naissance, aucun changement de travail ni de fond de teint). Mais il n'en est pas ainsi. Le bilan doit être actualisé. On peut toujours progresser dans l'art de la plainte, art dans lequel j'atteins personnellement des sommets en termes de créativité et de conviction :

– Je suis fatiguée. Je crois que je vais demander à couvrir le golf pour CNN.
– Non. En fait, je vais me retirer dans un ermitage au fond de la Creuse pour écrire un livre. Gardez mes enfants.

– Non, au contraire. Je quitte mon travail, je me mets à la broderie et je reste à temps plein à la maison avec les enfants.

Pensez-vous que je puisse contribuer de manière significative au train de vie familial, avec des compétences en broderie qui se limitent à savoir coudre un bouton ? Est-ce que par hasard il y aurait un marché pour les couseuses professionnelles de boutons ?

En fait, on se plaint et on écoute les plaintes ; on n'a pas besoin de beaucoup plus. On a besoin d'une version féminine de l'ami qui t'écoute même la nuit, et qui te soutient toujours si besoin est.

Maintenant, c'est au tour de l'épouse de faire pareil.

Vers l'infini et au-delà !

Chère Monica,

Tu me demandes pourquoi tu dois te marier. Moi, à l'instar de mon amie Giulia, courageuse jeune épouse de vingt-cinq ans, je te poserais la question inverse : « Comment peux-tu penser à ne pas te marier ? » Comment peux-tu imaginer affronter une vie entière – qui est d'ailleurs la seule que tu aies – aux côtés d'un homme tenant la porte de la maison entrouverte pour te permettre de t'en aller si jamais quelque chose ne marchait pas ? Tu sens bien qu'il y a quelque chose qui cloche.

Oui, d'accord... Un homme qui investit ta maison, le même pendant des années avec le pack complet : approximations quotidiennes, monopolisation de la télécommande et silences incompréhensibles. Un homme, toujours le même, qui te demande comment tu vas et qui sort de la pièce quand tu commences à lui répondre. Un homme, toujours le même, qui pendant des années n'arrivera pas à se souvenir du prénom de tes copines (mais de celui d'Emmanuelle Béart, si), et qui ne sera jamais capable d'apprécier pleinement la finesse de ta critique cinématographique en direct de la salle et en exclusivité mondiale, chuchotée à son oreille pendant le film.

Mais ce sont des détails. Je t'ai entendue maintes fois tenir des propos dithyrambiques sur Domenico, et je n'ai pas vu l'ombre d'un doute traverser tes yeux. Je t'ai vue heureuse comme jamais depuis que je te connais. La perspicacité d'un pigeon suffirait pour voir que vous êtes faits pour vous emboîter, comme les petits canards en bois de mes enfants, que je n'arrive au demeurant jamais à réassembler : je mets toujours la queue à la place du bec. D'ailleurs, avec leurs petites mains potelées, mes enfants commencent à être plus habiles que moi aux alentours de vingt-trois mois (à l'ordinateur, ils dépassent mes compétences vers l'âge de trois ans).

Tu es son enthousiasme, il est ton équilibre. Il est ta lueur de génie, tu es son bras. Inutile de faire de la poésie de bas étage, je crois que tu m'as comprise.

C'est vrai, il a aussi quelques défauts : il s'habille comme un daltonien, il a une attirance folle pour la vie en plein air et s'applique, avec passion, à t'apprendre à reconnaître le cri de la huppe, quand le seul son que tu voudrais entendre est le bruissement du lave-vaisselle pendant que tu es en train de lire sur le canapé. C'est un maniaque du complot qui veut à tout prix t'expliquer les rouages secrets qui font tourner le monde, alors que toi, tu as du mal à te souvenir de ce qui s'est passé hier, dans la version la plus plate et la plus autorisée.

Mais sur les choses fondamentales de la vie, vous êtes complètement d'accord. Pour ce qui compte vraiment (la loyauté, la solidité, la bonté), il est tel que tu l'as rêvé.

Souviens-toi, avant que vous ne soyez ensemble, pendant ces interminables années où tu étais seule, quand nous essayions d'imaginer comment tu rencontrerais Monsieur Bonne Personne. Tu te demandais, angoissée, si ce serait au moment où tu essayerais le survêtement le plus laid qui existe. Ou bien s'il serait le nouveau qui arrivait au bureau le lendemain. D'ailleurs, pour anticiper l'événement, tu avais fait une razzia chez Givenchy... pour du vent ! Enfin, pas tout à fait, puisque tes emplettes t'ont été bien utiles quand tu t'es enfin décidée à sortir avec le « bon copain », celui qui en fait t'aimait depuis toujours : Domenico. Pour te rendre compte que toi aussi, tu étais amoureuse de lui. Il t'attendait de pied ferme, car c'est bien connu, rien n'attire plus un homme qu'un non, un téléphone occupé ou une porte fermée (je n'y suis jamais arrivée mais les femmes qui ont de la classe savent comment faire).

Pourtant, attention. Parmi les raisons qui pourraient te faire basculer en faveur de la noce, les préparatifs ne doivent être évoqués qu'à un stade avancé de la réflexion – qui importent peu si tu décides de ne plus te marier. Heureusement, vous faites partie de ceux qui ont décidé de garder leur calme et de se concentrer sur le sacrement en lui-même. Vous ne vous mariez pas pour les autres, et encore moins pour engraisser le coiffeur qui, pour la modique somme de huit cents euros, se propose de te monter une espèce de meringue sur la tête, et de te rendre au moins aussi belle que l'esthéticienne qui t'a maquillée comme une voiture volée. Pour vous, c'est plutôt profil bas, déjeuner à la maison et élégance raffinée.

Les fêtes de mariage sont aussi surfaites que l'alimentation biologique (consommée dans un océan de pollution) et presque toujours aussi plouques que des vacances en club au bord de la Mer Rouge. Donc ne pense pas à tout cela, tu as encore le temps de revenir en arrière avec très peu de conséquences matérielles, à l'exception d'une probable crise d'hystérie de ta mère qui espérait s'être enfin débarrassée de toi.

Justement, la sobriété de votre mariage signe selon moi les prémices d'une vie heureuse. Maintenant, tous les couples célèbrent en grande pompe « le plus beau jour de leur vie » (mais qu'en savent-ils ?), presque pour donner un minimum de sens à une cérémonie qui pour beaucoup n'en a plus. En tous cas, elle n'a certainement plus le sens de la « consommation » lors de la première nuit, qui n'est souvent qu'un lointain souvenir (pas aussi lointain que le premier rendez-vous, mais presque). Peut-être que les fiancés vivent déjà ensemble, peut-être qu'ils cherchent à donner un second souffle à leur couple en se mariant. Et Dieu, appelé à ratifier le traité, n'est qu'une espèce d'ombre indistincte en trame de fond. Peut-être que cette ombre ne serait même pas là si l'Église n'offrait pas une scénographie aussi romantique et aussi solennelle, avec son apparat de cierges et de vitraux, sans signification aucune pour l'assistance.

Quelle valeur donner à l'album en cuir, avec les photos main dans la main, le dîner aux trois cents invités et la grosse voiture de location ? Il me vient à penser que dans la plupart des cas, il y a un rapport inversement proportionnel entre la vulgarité démonstrative d'un mariage et sa solidité. Ta cérémonie simple est un prélude à la naissance d'une vraie famille, j'en suis sûre.

Mais quand approche le jour J, je pense qu'il est normal de douter. C'est même obligatoire. J'ai douté moi aussi. Malgré ma conviction que c'était le bon, malgré le fait que même un scénario Walt Disney n'aurait pas pu être meilleur. Regarde : moi-même, treize ans en arrière, avant nos quatre enfants et un bon tour de taille en moins (des éléments qui auraient du poids pour le directeur du casting), un restaurant italien à New York, les meilleurs spaghettis à la tomate et au basilic que j'ai jamais mangés (pardon maman). Une mise en scène idyllique et parfaite... Et malgré cela, l'effet stupéfiant du « Veux-tu m'épouser ? ». Pourtant, ces mots sont attendus et sollicités par de subtiles pressions psychologiques (« N'aurais-tu pas quelque chose à me dire ? Étant donné que tu veux me le dire, pourquoi ne le dis-tu pas maintenant que le décor est à la hauteur ? »). Mais voilà... Ils arrivent et tu as peur. C'est vraiment ça qu'il est en train de me demander ? Et si je me trompais ? Et si, en vivant avec lui, je découvrais qu'il passe ses dimanches en survêtement ? Et s'il devient laid, s'il émet des bruits désagréables, s'il veut de la place sur l'étagère de la salle de bain ?

Je définirais plutôt ta crise comme la réaction normale d'une personne qui pose un choix une bonne fois pour toutes, ce qui est une activité désormais obsolète dans un monde qui fait l'apologie du doute et du provisoire, présentés comme les caractéristiques propres aux esprits libres et éclairés. En revanche, il est évident que choisir, c'est renoncer. On n'échappe pas à cela. Même celui qui pense ne pas choisir prend en réalité une seule route puisqu'il ne peut pas prendre toutes les autres. Celui qui décide de préférer des relations occasionnelles dit non à la complexité et à la profondeur. Il renonce à tout donner sans rien garder. Celui qui choisit un engagement définitif dit non à tout le reste : à la légèreté peut-être, et à l'indépendance sûrement. Tu es sur le point de dire oui à Domenico (parce qu'il est évident que tu vas lui dire oui, ne serait-ce que pour ne pas être poursuivie par mes réprimandes pendant les quinze prochaines années), et donc tu es sur le point de dire non au beau collègue ténébreux et à tous les autres, passés ou futurs. Tu dis non aussi au travail *free lance* à Bruxelles, au contrat à Pise (une fois mariés, il serait opportun de vivre ensemble) et à toutes les autres Monica possibles que tu t'amuses encore à écouter quelques fois. L'affolement fait partie de la procédure : tous les jours de ta vie jusqu'à ce que la mort vous sépare, effectivement, cela pourrait faire beaucoup de jours.

Mais à quoi bon vivre si tu ne construis pas quelque chose qui te dépasse ?

Si la porte est ouverte, on peut avoir la tentation de partir au moins une fois tous les quarante ans, c'est clair (même parfois plus souvent que cela, généralement après plusieurs heures de rediffusion de match et de commentaires sur la performance footballistique de Totti). Mais c'est dommage. Dommage, stupide et irréparable, parce qu'il y a au menu du mariage l'amour total auquel tout cœur aspire. Tu peux à la fois montrer tout de toi à quelqu'un, et t'en sentir aimée. Et de l'autre côté, il y a cette personne que tu apprends à aimer de plus en plus profondément, dans tout ce qu'elle est ; c'est inimaginable si on n'a pas choisi une seule et unique personne, *full option,* pour toute la vie. Il y a encore « bien plus que je ne peux dire ici » comme dit la chanson.

Je suis trop pudique pour aller plus loin, mais aie confiance : vivre dans la fidélité peut te réserver des surprises sur bien des plans. Tu seras heureuse d'avoir attendu qu'il devînt ton mari et peut-être regretteras-tu de t'être lancée auparavant dans des histoires sans lendemain, en réponse à l'incitation à la consommation sexuelle que nous respirons comme l'air depuis l'âge de raison.

Le problème n'est pas tellement que ces expériences aient été préconjugales, mais surtout qu'elles aient été extraconjugales. Elles ne parlaient pas d'union, elles n'étaient pas la continuation naturelle d'un don quotidien, continu et définitif de ta personne. Elles n'étaient pas ton projet de vie.

Très agréables bien sûr – qui pourrait dire le contraire ? – mais rien à voir avec ce que peut être l'amour physique quand on s'aime avec un total dévouement, en partageant le quotidien, les corvées et la maison. Quand on va au-delà de la phase de fatigue et que, comme dans un jeu vidéo, on passe au niveau supérieur, on découvre des territoires nouveaux. C'est vrai, nettoyer du vomi de nouveau-né n'est peut-être pas le top du glamour, mais le temps passe et on sort du tunnel : on revient à la vie.

La rengaine est toujours la même depuis le serpent et la pomme : on veut nous faire croire que c'est en suivant aveuglément nos émotions que nous choisissons ce que nous voulons être, et que nous serons libres et heureux – pas comme ces pauvres frustrés qui attendent l'au-delà pour toute consolation.

Ce n'est pas vrai du tout. Je vois beaucoup de personnes esclaves de leurs pulsions qui sont malheureuses. En revanche, comme l'écrivait Chesterton, « Il n'y a rien de plus transgressif et de plus excitant que l'orthodoxie ». Le mariage est amusant et naturel ; il répond à nos besoins et à notre soif de bonheur.

Mon mari ne l'admettra jamais devant témoins, mais il est lui aussi très content de s'être adjoint cette créature rigolote qui oublie les pommes de terre sur le feu, s'en souvient à trente kilomètres de là et s'acharne à chercher un côté positif à la situation (je ne l'ai pas encore trouvé mais il doit exister, j'en suis sûre). Qui parfois s'aperçoit qu'elle promène ses filles sans culotte. Qui, malgré de nombreuses années passées à Rome, continue à ne connaître que les trois itinéraires qu'elle emprunte toujours, quelle que soit la destination, avec une confiance aveugle en la Providence, laquelle, d'une manière ou d'une autre, la conduit à bon port.

Le mariage est un exosquelette qui nous protège, nous, les hommes et les femmes qui le choisissons. Il nous préserve de notre inconstance et il nous fait du bien. Il nous encourage à trouver des voies nouvelles quand les anciennes semblent sans issue (je dois m'acheter un GPS). Il nous permet de savoir qui nous sommes, grâce à un lien permanent avec une personne qui connaît tout de nous et de notre égoïsme. Et cela peut éventuellement être drôle ! Sans doute l'ai-je déjà dit, mais que penser d'une personne qui oublie les pommes de terre sur le feu et cherche un côté positif à la situation ? Voilà, j'ai trouvé : possiblement, c'est que la maison n'a pas brûlé !

On peut avoir une vie conjugale satisfaisante et parfois, être allongé côte à côte dans le lit sans rien se dire. Dans ces moments-là, tu auras l'impression d'être en pleine crise ; tu seras là, à te torturer l'esprit en te demandant où vous en êtes, pendant que lui fixera le plafond. S'il te dit qu'il ne pense à rien, aie confiance, il ne pense à rien. Ne crois pas qu'il est train d'imaginer qu'il va te quitter. S'il fixe le plafond, sache qu'il est en train de réfléchir à des choses totalement plates, du type : a) ce trou, je dois le reboucher ; b) espérons que dimanche nous aurons un bon arbitre ; c) je voudrais une bière mais je n'ai pas envie de me lever. Et votre relation ne sera pas forcément en crise. Vous êtes juste différents.

Les points à ajuster au début seront vraiment nombreux, comme son usage bête et stupide des maniques à la cuisine et ta tendance à faire moisir des ex-concombres et des ex-tomates dans le tiroir du frigo.

Peut-être qu'un jour, tu ne supporteras plus l'habitude qu'aura ton mari d'abandonner ses vêtements dans des lieux incongrus. Incompréhensible aussi, son art de changer de chaîne juste avant le baiser final, ou son entêtement à toujours effacer de la liste de courses THE ingrédient sans lequel tu ne peux pas préparer le dîner. Infranchissable le mur de son sommeil, la nuit, quand les petits pleurent. Inévitables les maladies infantiles exclusivement quand il est en déplacement professionnel (et plus il est loin, plus la toux est grasse). Déroutant le moment choisi pour décréter que l'air dans les chambres doit être renouvelé, alors qu'il fait zéro degré dehors et que tu es en train d'enfiler un surpyjama aux enfants. Inexplicable son incapacité à faire plus d'une chose à la fois : on ne parle pas de rédiger un traité de philosophie tout en jouant du violon, mais de parler tout en réchauffant un biberon.

Pour arrondir les angles, il n'y a qu'un seul moyen : tu devras apprendre à être soumise, comme le dit saint Paul. Autrement dit, mise en dessous, parce que la base de votre famille, c'est toi. Tu seras la fondation. Tu soutiendras tout le monde, mari et enfants, en t'adaptant, en acceptant, en esquissant, en orientant tendrement. Ce sont ceux qui sont cachés qui gouvernent le monde, pas ceux qui sont devant.

Tu seras la seule des deux à pouvoir le faire, parce que tu seras la seule femme adulte et donc souple, douce, solide, résistante, patiente et prévoyante. Tu devras apprendre à lâcher les rênes et renoncer à la tentation de l'hypercontrôle : tu ne pourras pas tout diriger. Tu devras faire acte extrême d'humilité et de confiance : laisser agir ton mari... même quand tu parierais dix contre un que tu as raison.

Ne me dis pas que tu n'en es pas capable. Tourne ta langue sept fois dans ta bouche et regarde courageusement ce qui arrive quand le monde doit se passer de l'un de tes avis. Les choses ne seront pas faites comme tu le veux, mais incroyablement, elles se feront. Et ton avis sera certainement sollicité, puisque tu n'as pas eu le désir de l'imposer.

Renoncer au contrôle signifie aussi que tu nommes ton mari Ministre des Finances et que tu fais comme si le gouvernement avait demandé la confiance du parlement : aucune loi financière n'est discutée. Donc tu résistes à la tentation de contrôler les comptes, et tu te fies à lui.

Si tu dois le critiquer, fais-le avec respect et sans l'humilier, seulement si tu es vraiment sûre que c'est indispensable. Quand il aura passé les vingt dernières heures à peindre le salon en gris perle, ce dont tu sentais le besoin urgent et non ajournable, évite de lui faire remarquer qu'il a fait tomber quelques gouttes sur le parquet. Quand il aura passé la matinée à faire lui-même la révision de la voiture, même s'il t'aurait semblé plus simple de la vendre que d'apprendre où se trouve le réservoir du liquide lave-glace qu'il faut remplir, ne râle pas parce qu'il est en retard pour le déjeuner.

Tu t'appelles Monica, comme la première grande épouse sainte, la mère de l'un des plus grands esprits que l'humanité ait jamais connu : saint Augustin (excuse-moi, sainte Monique, de maman à maman : peux-tu me dire quels jeux éducatifs tu as fait faire à ton fils ?). Elle fut une épouse qui attendit avec patience, pendant des années, que son époux et son fils comprissent.

Alors avec une sainte patronne pareille, tu ne nous décevras pas.

Je t'embrasse,

Ton amie des causes urgentes.
C.

*

Quand je demande à mon mari Guido une preuve d'amour particulièrement forte – comme une journée « défi » avec trois églises à visiter, les amis des enfants à inviter et des étagères à poser – et que je reçois en guise de réponse, pour être honnête, un non ferme et définitif, je lui rappelle qu'il m'a promis fidélité éternelle devant Dieu. Je l'ai entendu et je m'en souviens. Il me répond qu'il était probablement à mon mariage, (je souligne *mon*), mais qu'il ne se souvient pas d'avoir entendu ou dit autre chose que *jusqu'à ce que la mort nous sépare*. Et quand, au supermarché, la caissière nous a demandé l'autre jour si nous étions ensemble, il a répondu que *pour le moment il semblerait que oui*. Il est sur la même longueur d'onde que Harry, celui de Sally, qui n'accompagne jamais ses fiancées à l'aéroport, même après un premier rendez-vous passionné, pour éviter qu'elles ne prennent de mauvaises habitudes. Guido préfère lui aussi ne pas se compromettre.

« Mais est-ce que tu m'aimes au moins ?

— Parfois. »

Toutefois, j'ai tendance à considérer comme un indice assez significatif de sa sympathie, et de son estime à mon égard, le fait que nous ayons eu ensemble quatre enfants en sept ans !

Il est certain que je ne risque pas de m'endormir sur mes lauriers, ce qui parfois m'apparaît pourtant comme une voie honorable. Contrairement aux dictons populaires – *Le mariage, tombeau de l'amour,* ou bien *Faute de mieux, on couche avec son épouse,* et autres clichés similaires – le fait de se marier nous place dans un rapport dynamique avec l'autre, parfois exigeant, mais toujours nouveau. On dit que plus le temps passe, plus la monotonie nous guette. Je ne sais pas... mais j'ai hâte de m'ennuyer ! Toutefois, si cela devait se produire, j'ai une liste de trente pages de choses à faire (je l'emporterai sans aucun doutes dans la tombe) : classer nos photos de famille, lire les kilos de livres encore jamais entrouverts, reprendre des cours de grec, courir un marathon, appeler tout un tas de personnes que je voudrais revoir ou au moins entendre... Si notre porte reste ouverte sur le monde, on ne risque pas de s'ennuyer.

Le mariage a un sens. Et plus particulièrement s'il est chrétien, parce que ceux qui le demandent reçoivent une aide spéciale qui vient d'en haut, un peu comme dans un jeu vidéo où lorsque l'on attrape une étoile on est fortifié (d'après ce que mes enfants m'enseignent). Cette aide spéciale permet de mettre le cœur au bon endroit et rend la vie féconde. Elle fait regarder au-delà de la fatigue et des difficultés, non par devoir, mais parce qu'on sait que cette aide ne nous sera pas enlevée. Les chutes, la souffrance et les éraflures font partie de la trame classique de nos existences, de toutes sans exception. Alors il est préférable de décider quel genre d'aventure on veut vivre, et surtout de choisir une personne avec qui la partager. En évitant, si possible, de s'appuyer sur elle comme un corps-mort (Monica, quand tu es de très mauvaise humeur, va faire un tour, appelle quelqu'un, peut-être pas moi, ou bien venge-toi toi sur le pot de Nutella, mais si tu peux, pas sur Domenico).

Ainsi, la route peut être agréable même avec la fatigue. Mais je ne voudrais pas parler à la place de mon mari. Au moment où j'ose dire *lui aussi, il est heureux*, et où je vois sur mon écran géant intérieur mon image de bonne petite épouse dévouée qui prépare le dîner avec soin et amour, entourée de ses marmots, je crois que mon mari est au travail alors qu'il est peut-être en train de danser un tango avec une armée de brésiliennes en string, en sifflotant allègrement « Brigitte Bardot, Bardot ».

Bien sûr, sortir de la logique de la revendication permet de créer un climat positif, comme le sait bien mon ami Antonio, marié à une femme si peu conciliante qu'elle ose protester contre sa passion pour la montagne (passion qui, reconnaissons-le, ne peut pas se pratiquer sur la petite colline en bas de la maison, et nécessite en conséquence l'éloignement de la zone urbaine où se trouve sa chère épouse). Pourtant, la dynamique qui semble prévaloir chez de nombreux couples semble être celle du contrat : « J'ai gardé les enfants pour que tu ailles jouer au football, tu les gardes pour j'aille à la salle de sport ». Plus qu'un couple, une entreprise. Et les entreprises ouvrent et ferment selon les lois du marché.

On comprend ainsi l'augmentation vertigineuse des divorces, les femmes ayant remis en question les vieux équilibres – parfois avec raison – mais sans avoir su en proposer de nouveaux.

Autrefois, on se mariait pour des raisons économiques, et pour assurer sa sécurité. Quand on ne s'aimait pas, probablement qu'au moins, on se respectait. Maintenant, à l'époque de la dictature des sentiments et des émotions, le mariage fait naître des attentes très élevées. Pour durer, de nos jours, l'union doit être heureuse ; on ne se contente plus de ce que l'on a dans son assiette. Est-ce bon ? Je ne sais pas, mais c'est certainement plus difficile de satisfaire des exigences devenues si nombreuses et inconstantes. Surtout si l'on n'est pas enclins à la tolérance, à être patients ou à s'efforcer de trouver des solutions créatives, puisque l'on ne s'est pas dit « dans la santé comme dans la maladie, dans la richesse comme dans la pauvreté, jusqu'à ce que la mort nous sépare ». Et que l'on n'a pas dit « honorer » en plus de « aimer ».

En remettant sa place en cause, la femme a aussi bousculé son *talent inné,* cette « disposition originale, cette virtuosité absolue de conférer un sens au fini. La femme réconcilie l'homme et elle-même avec le monde, elle est en harmonie avec l'existence dans une mesure que l'homme ignore puisqu'elle explique la finitude : une vie tranquille et cachée comme l'est toujours la vie dans ses racines », comme le dit Cesare Pavese.

Comment fait-on pour *être la vie* de quelqu'un ? Avant tout, en portant ses poids et ses faiblesses, en étant proche sans se sentir supérieure. Le risque du *Je le fais moi-même parce que je suis très douée,* c'est qu'il sous-entend *Et toi tu ne l'es pas.* Par exemple, il m'arrive de partir dans de longues tirades tranchantes comme l'épée laser d'Obi Wan contre untel ou untel, et lorsque je suis de la sorte revêtue de mon habit de croisée, je n'entends et n'écoute plus rien... Il est bon de ne pas m'approcher (chose que mon mari sait très bien faire : il finit par se dématérialiser, et son portable, quand il se souvient qu'il faut l'allumer, est mystérieusement toujours posé dans un endroit où il ne capte pas).

Mais ces grandes envolées sont toujours mieux que le sentiment de persécution que nous pouvons afficher ostensiblement parfois : martyres résignées dont on s'attend à voir saigner les stigmates d'un moment à l'autre. Et c'est une de mes autres spécialités : rester passive et silencieuse, en soupirant, émue par ma noblesse d'âme, par ma tolérance magnanime et par mon héroïsme. Accueillir les limites de l'autre – qui en a comme nous en avons – doit être fait dans une logique d'édification, ni passive ni obtuse.

Et puis, pour *être la vie*, il faut accorder de l'attention, donner des gestes de tendresse, délicatement, se souvenir que l'autre passe avant soi : toutes ces petites choses que l'on oublie au fur et à mesure que le temps passé ensemble augmente, et avec lui l'arrivée de petits derrières à laver et de devoirs à vérifier. Au point que si l'on se croise dans le couloir, on est parfois tellement épuisés que l'on ne daigne même pas s'adresser un regard.

Une fois, j'ai pris une de mes filles dans le mauvais sens : les pieds près de mon visage et la tête en bas, je ne comprenais pas pourquoi elle ne se calmait pas, même dans mes bras. Pourtant je lui donnais d'énergiques coups pour l'aider à digérer son lait, sauf que c'était sur les mollets et non sur le dos. Je n'avais probablement pas dormi depuis plusieurs jours et je ne me rappelais même plus du prénom de mon mari (il y avait un monsieur dans mon lit, ça, je m'en souviens, mais pas clairement, car je m'étais évanouie).

Parfois, s'arrêter pour accorder un peu d'attention à ce monsieur inconnu peut être dangereux. En diminuant le rythme, quelque chose pourrait échapper à mon contrôle : un enfant qui va à l'école en pyjama, ou qui introduit un tournevis dans la prise (la tragédie fut évitée de justesse ce jour-là !). Il faut juste trouver la manière de le faire.

Être la vie, c'est aussi prendre soin du nid. S'occuper de la maison et de l'intendance, ce que je fais plutôt bien... si l'on passe par dessus certains détails. Par exemple, je me souviens toujours relativement tard que je dois préparer des repas (avez-vous jamais essayé de décongeler des escalopes en soufflant dessus ou en les plaçant sous vos aisselles ?), et encore plus tard que je dois ranger la maison : dans un état de demi-sommeil, j'essaie de le faire en position assise avec le seul pouvoir de l'esprit, fixant les objets avec la plus grande concentration... cela ne fonctionne pas.

Être la vie, c'est aimer sans mesure, c'est-à-dire sans compter mais sur-mesure : l'aimer justement, tel qu'il est. S'il est fatigué et qu'il veut juste avoir un peu temps pour lui, ce n'est pas un geste d'amour que d'organiser une soirée avec des amis, même si c'est exactement ce qui nous ferait du bien à nous. C'est aussi être discrète, pas envahissante et délicate. Continuer à frapper à la porte, à dire merci, à respecter. L'amour est un sentiment violent mais l'autre ne nous appartient pas. C'est aussi faire un effort continuel pour être en vérité, même si être vrai ne signifie pas tout se dire. Il y a des problèmes qui chargent l'autre de fardeaux inutiles. C'est aussi ne pas avoir peur d'être soi-même (Guido, j'en profite et je te le dis maintenant devant tout le monde : je n'ai toujours pas compris le hors-jeu passif).

C'est s'accompagner l'un l'autre vers le mystère, parce que notre essence la plus intime, profonde et ultime n'est même pas dans l'être homme ou femme, mais dans une trace d'éternité, dans un désir de bonheur et d'absolu qu'il y a chez l'un et l'autre.

Quand on est rose dedans, on est rose dedans

Chères Livia et Lavinia,

Passons un instant sur le fait que vous êtes mes filles et même, si je veux être exacte, mes toutes petites filles, qui vont encore à l'école maternelle. Je ne vous ferai donc pas les recommandations avec lesquelles j'égaie habituellement vos journées. Tenons pour acquis le fait que je vous ai déjà dit aujourd'hui, dans l'ordre :

- Livia : assez de cette tétine puisque dorénavant tu es un *gaçon* comme tu dis, c'est-à-dire grande comme tes gigantesques frères (l'un étant même en CM2). Non, acheter un cheval pour le mettre dans le jardin ne me semble pas un projet réaliste. Oui, je sais qu'une vraie princesse est toujours sauvée par un héros, mais si tu apprenais à descendre toute seule de ton lit sans commencer par la tête, ce serait un soulagement pour moi.
- Lavinia : ne donne pas de coups de pieds aux objets l'air de rien quand tu passes à côté, et sache que maman te voit toujours, même quand tu es dans la pièce d'à côté. Et jette cette cigarette. Je comprends le charme du stylo à plume en or que

Grand-père m'a offert, que tu prends pour rédiger de précieuses notes (AAEEBOO) sur tes dessins, mais si tu utilisais un modeste stylo à bille, je t'en serais reconnaissante. Je comprends que, quand on est rose dedans, on est rose dedans, mais d'après moi, tu pourrais faire quelques compromis, au moins sur la lingerie : même si ta culotte est blanche le jour où tu vas rencontrer le prince charmant, ce ne sera pas une catastrophe.

Tenons aussi pour acquis le fait que nous vous aimons, vos frères et vous, plus que notre propre vie. Moi, et votre père qui fond quand il vous regarde, en particulier vous les filles, même s'il vous a déjà prudemment acheté des tee-shirts portant l'inscription « Un jour mon prince viendra et mon père le fracassera ». Vous l'avez sans aucun doute entraîné dans des aventures inimaginables pour lui, comment enfiler des collants en moins de quinze minutes, distinguer un fard à paupières – la très élégante nuance rose années 1980 de votre prédilection – d'un rouge à lèvres, ou se balancer dans un hamac quand on est cinq dedans (où qu'il s'allonge, vous vous étalez tous sur lui).

Tenons pour acquises toutes les choses merveilleuses que l'on peut dire de vous : le sens de l'humour de Lavinia, la sensibilité de Livia, l'intelligence des deux et tous vos multiples talents que nous admirons en privé, car ce n'est pas ici le lieu de les énumérer tous.

Tenons aussi pour acquises toutes les recommandations qui seront le fond sonore de votre école primaire :

- Oui, tu dois réécrire toute la page depuis le début.
- Est-ce que tu as préparé ton sac ?
- Je te confirme que nous n'aimons pas les Winx, ces poupées qui scandent « J'ai la frénésie du shopping » et donc, en conséquence, votre papa et moi-même, nous ne vous en achèterons pas.

Passons aussi outre votre prochaine adolescence, car vous me détesterez, et tout ce que je dirai pourra être utilisé contre moi. Cependant, si vous devez vraiment vous maquiller, faites en sorte que l'eye-liner soit de la couleur du mascara. Et tant qu'on en est au maquillage, quand vous serez grandes, gardez à l'esprit ces deux principes de base : d'abord, jamais sans fond de teint (une minute de silence pour son éminent inventeur qui mérite à coup sûr un prix Nobel). Ensuite, ne jamais prêter une trousse Chanel à quelqu'un que vous avez arrêté d'allaiter il y a peu de temps.

Imaginons maintenant que vous êtes déjà des jeunes femmes. Je prends un peu d'avance sur mon travail, au cas où se réaliserait mon deuxième plus grand cauchemar : celui de mourir avant que nous ne deveniez grandes et fortes (le premier cauchemar étant qu'il vous arrive quelque chose, ce qui rendrait l'existence intolérable si l'on ne se souvenait pas que votre vie n'est pas à nous, mais qu'elle est fermement dans les mains de Quelqu'un qui nous aime beaucoup). Je ne sais pas quelles seront les tendances quand vous chercherez à savoir qui vous êtes vraiment, ni à quel point les temps auront changé. Ils sont déjà tellement différents de ce que j'ai pu vivre...

D'abord, l'adolescence. Les préadolescentes d'aujourd'hui me donnent l'impression d'un curieux décalage mental. Elles ont une façon de s'accoutrer, de se farder et de se comporter pleine d'allusions à une réalité qui leur est pourtant mystérieuse – la sexualité –, et dont je n'avais à cet âge-là jamais entendu parler. Le string qui déborde du jean en cinquième, les filles, vous oubliez : papa vous trouvera des culottes *taille haute* à fleurs (on devrait pouvoir trouver quelques exemplaires adaptés à votre cas dans l'arrière-fond d'une mercerie de campagne). Difficile d'imaginer que vous puissiez utiliser des expressions – pourtant entendues de mes oreilles ! – telles que *je suis nerveuse, je dois faire un peu de shopping*, à un âge où moi, je me promenais encore avec un appareil dentaire, des chaussures orthopédiques et des vêtements hérités d'une cousine plus épaisse (j'étais une allumette) ou plus petite que moi. Pour dire la vérité, j'étais un vrai laideron, mais j'étais trop petite pour y faire attention. Maintenant, même les dessins animés qui sont supposés vous permettre d'appréhender des traumatismes liés à la mort, à la peur, ou à la douleur débordent d'une sensiblerie bon marché et d'allusions au sexe, auxquelles vous êtes de toutes façons bombardées depuis le berceau : histoires d'amour, intrigues de couples et princes charmants comme s'il en pleuvait. Et il ne suffit pas d'éteindre la télévision ; quoi qu'on fasse, on est exposé d'une façon ou d'une autre.

L'adolescence, qui commence de plus en plus tôt, se prolonge ensuite jusqu'à la vieillesse, et je voudrais bien savoir à quel moment une femme accepte de se définir comme *vieille* si à soixante ans, elle veut en faire cinquante, si à soixante-dix ans, elle veut en faire soixante et ainsi de suite ; depuis que Gloria Steinem a inventé cette bêtise, on voit des dames d'un âge certain avec des tee-shirts *Hello Kitty* et des femmes mûres arborant des colliers de nounours roses (d'accord, j'en ai un aussi mais il m'a été offert et cela fait longtemps que vous l'avez réquisitionné).

L'analyse économique n'est pas mon fort, bien que j'aie des velléités d'éditorialiste, comme le sait bien Luca, mon ex-chef de rédaction qui sabrait toujours mes grandes envolées dans mes papiers pour le JT (pourtant, il s'agissait d'interprétations profondes et magistrales à propos de l'influence des mœurs sur les phénomènes économiques). Cliquer, sélectionner, touche *Suppr*... Et hop, fini !

« Mais Luca, tu as enlevé la partie la plus inspirée ! Tu me coupes les ailes !

– Je te les coupe sinon tu vas finir comme Icare. Tu dois me fournir les statistiques officielles. Je ne veux pas d'homélie en plus », répondait-il chaque matin, imperturbablement, sans ciller le moins du monde (mais d'après moi, il riait sous sa moustache).

Bref, l'analyse n'est peut-être pas mon fort, mais comme Luca ne me lit pas en ce moment, je peux donner libre cours aux théories de l'économiste qui sommeille en moi, et me demander si cette adolescence prolongée n'est pas encouragée d'une manière ou d'une autre, à grands renforts de communication et de publicité, par les lois du marché. Et si elle ne sert pas à accroître de manière exponentielle de faux besoins de consommation, rendant indispensables des choses qu'une femme de cinquante ans devrait avoir oubliées.

Quoi qu'il en soit, quand vous serez adolescentes, en admettant que votre père vous laisse sortir seules avant vos trente ans révolus, le jeu de la séduction battra son plein. Vous vous ferez belles pour attirer l'attention de ce garçon-là, précisément le seul dans votre entourage qui ne vous regarde pas. Un petit jeu de conquête qui n'a que peu à voir avec l'amour (c'est le classique *Il me plaît parce qu'il ne s'intéresse pas à moi*, présent parmi tous les autres mécanismes élémentaires de fonctionnement de l'esprit humain dans sa version de base), et qui force à s'afficher toilettée, accessoirisée et tape à l'œil, au top des dernières tendances.

Voici donc des consommatrices compulsives guidées par des besoins qui ont été créés de toutes pièces : la femme célibataire dotée d'un salaire fixe et confortable est le bonheur de tout directeur marketing. Bienvenus également aux *DINK* (*Dual Income, No Kids*) : des couples qui partagent leur salaire et leur budget mais sans enfants, c'est-à-dire avec un tas d'argent à dépenser.

Je ne vis pas dans la pauvreté, mais la richesse est une bénédiction qui doit être utilisée avec discernement pour le bien commun (le nôtre et celui des autres). Donc, les filles, si vos demandes incessantes reçoivent autant de non (jamais assez d'après les grands-mères) c'est pour vous apprendre le plus tôt possible que les besoins ne se comblent pas avec des objets, quand bien même je sais que le petit sac à main Dior en renard m'apporterait parfois de grands bienfaits psychologiques. Oui, en vous éduquant, je m'éduque moi-même, car pour être franche, je pourrais trouver quelque chose à acheter à peu près partout. J'ai déniché une fois un incroyable chapeau (vous m'avez déjà vue avec un chapeau ?) datant des années 1960 je crois, dans une toute petite boutique nichée au creux d'un minuscule village des Marches, dans laquelle on vendait à peu près de tout, y compris les ultimes productions d'un atelier qui avait dû fermer à la génération précédente. Je me suis immédiatement demandée comment j'avais pu vivre sans ce chapeau jusqu'alors. Après mon départ, ils ont dû ouvrir une bouteille pour fêter cette vente inespérée ! En contrepartie, j'ai enrichi d'un prestigieux article la zone « des indispensables » de notre maison, déjà bien fournie en écharpes, cahiers, cartes postales d'époque, stylos, sacs, objets jamais utilisés qui me semblaient alors essentiels à mon bien-être psychosensoriel.

Après l'adolescence, vient le temps des études, lui aussi très allongé dans le temps : dorénavant, il y a la licence [bac+3] puis le master 2 [bac +5], le doctorat, les bourses de recherche, les stages. L'entrée dans la vie adulte – et ses attributs complètement extravagants et héroïques, comme une maison et une famille à soi – est toujours reportée. Ainsi, les enfants, s'ils arrivent, apparaissent quand les parents ont l'énergie de personnes déjà bien mûres (et un cerveau d'adolescent ?).

Quant à la sexualité, je ne suis pas une maman-copine, donc ne venez rien me raconter. On ne s'échangera pas nos Louboutin (je n'en ai pas de toute façon) ni ma plus jolie lingerie, car à l'instar de Cham dans la Genèse, vous devez rester hors de ma chambre à coucher.

Nous en parlerons, quand ce sera le moment. Je vous expliquerai en particulier pourquoi le fait de ne pas vous *envoyer en l'air* est surtout bon pour vous. Vous ne regretterez jamais d'avoir attendu, d'avoir pris votre temps, d'avoir laissé à vos émotions le soin de décanter. Avec la sexualité, on peut donner naissance à une nouvelle vie, et on ne plaisante pas avec la vie. Le fait d'avoir brisé le lien entre *faire l'amour* et *donner la vie* a rendu la sexualité plus lâche et plus triste, peu aventureuse et peu courageuse. Donner son juste poids – énorme – au fait de faire l'amour rendra la chose incroyablement plus précieuse et plus émouvante pour vous. En effet, les recherches, les sondages et les journaux parlent d'une baisse généralisée du désir, de sa mort même, pour cause d'excès de satisfaction. Il n'est pas difficile d'en comprendre le motif en voyant par exemple l'obstination avec laquelle vous réclamez et attendez des cadeaux qui, une fois obtenus, perdent une grande part de leur attractivité (on peut parler de ces barbies abandonnées, ou de ce pauvre petit singe qui gît au fond du panier ?).

Au fil du temps qui passe, nous, les femmes, commençons à nous demander qui nous voulons être. La réponse n'est pas évidente comme elle l'était par exemple pour votre arrière-grand-mère, grand-mère Irma, qui pendant ses quatre-vingt-seize années n'a, d'après moi, jamais été effleurée par une telle question : elle était principalement occupée par sa propre subsistance et celle de ses enfants.

Pouvoir se demander qui on veut être, avoir devant soi une large gamme de réponses possibles et non un chemin tracé dès le berceau, est certainement un grand privilège, comme l'est toute liberté. Mais de cette liberté, comme de la richesse, il faut faire bon usage. Autrement dit, à un moment donné, il faut choisir. Et se rebeller contre le jeunisme et la rhétorique des *sliding doors* (hypothèse de l'autre vie que nous aurions vécue si nous avions pris une autre rame de métro), qui a fait la fortune d'une génération entière d'écrivains contemporains.

En définitive, les filles, à un moment, il faut décider et prendre ses responsabilités. Non, pas maintenant alors que vous êtes petites : votre père et moi choisissons et il n'y a rien à discuter (plus que vingt ans et vous pourrez choisir de vivre librement sans épinards). Je suis désolée, mais vous ne vivez pas dans une maison démocratique. Être entraînées à obéir ne vous fera que du bien : quand viendra le moment de prendre des décisions, vous aurez engrangé, espérons-le, quelques principes, et deux ou trois choses obsolètes comme le bien et le mal, le vrai et le faux.

« Tu veux dire que tu penses vraiment que ce en quoi tu crois est juste, et que ce en quoi je crois est faux ? » me demanda douloureusement un jour un collègue, au comble de l'indignation. Dans ses yeux, il y avait de la stupéfaction : j'avais pourtant l'air d'être une jeune femme fort sympathique ! Et je n'avais pas dit que je faisais la sortie des maternelles pour y distribuer de l'alcool et de la drogue !

Oui, Renato, je confirme : aussi incroyable que cela puisse paraître, je pense qu'il y a des choses justes et des choses qui ne le sont pas. Et figure-toi que les unes ne sont pas les autres, et réciproquement ! Quelle prétention de ma part !

Pour revenir à la question de notre identité, nous, les lycéennes des années 1980, nous avons grandi dans l'idée que nous aurions tout. Nous étions convaincues d'être les égales des hommes. Entre nos frères et nous, il n'y avait aucune différence, ni à la maison, ni à l'école. Nous avons mené nos études sans considérer cela comme une conquête : devenir médecins, avocats, professeurs, universitaires (je suis en train de penser à mes camarades de classe), c'était évident, comme l'était, dans nos projets, le fait d'avoir à la fois un travail et une vie familiale. Nous n'imaginions pas qu'il y aurait un prix à payer : aucune d'entre nous ne peut être partout, et se réaliser sur tous les fronts.

C'est pourquoi, quand, à quinze ans, ma grand-mère Gina, l'arrière-grand-mère que vous n'avez malheureusement pas connue, me reprocha de m'être servie des pâtes avant mon frère, c'est-à-dire oncle Giovanni, j'ai ri grassement. Dans la bataille quotidienne à la maison, quand nous jouions des coudes entre frères et sœurs, il ne s'agissait certainement pas d'une lutte entre les sexes mais de la défense de nos espaces vitaux.

La grand-mère, elle, pensait qu'à table les femmes ne devaient s'asseoir qu'après avoir nourri les hommes, même quand elles aussi avaient travaillé au champ. Elle avait un faible pour moi – je porte presque toujours ses boucles d'oreilles et sa petite statuette de la Vierge Marie trône dans ma maison – mais elle me jugeait *marampta*, ce qui signifie dans le dialecte de Perugia *empotée*. Il me manquait un côté « fée du logis ». Grand-mère, tu ne me croiras pas mais j'ai appris à repasser et à mesurer la fièvre du bout des doigts, avec deux dixièmes de marge d'erreur. Maintenant, si tu étais là, je t'écouterais d'une autre oreille.

Aujourd'hui, nous, les femmes, ne sommes plus obligées de jouer les servantes, mais nous pouvons choisir de servir par amour, pour répondre librement à notre vocation. Les hommes et les femmes sont très différents ; l'exact contraire du concept d'égalité. Nous ne sommes pas du tout pareils, et ne pas le reconnaître est la source d'une souffrance réelle, comme à chaque fois que l'on nie la vérité. Entre grand-mère Gina et moi, et vous encore plus, les filles, il y a eu l'émancipation des femmes, les combats féministes qui en furent le moteur, et l'insertion quasi-obligatoire dans le monde du travail. Et nous avons oublié que l'on ne peut pas tout faire : travailler comme un homme et être à la maison comme une femme.

Mais s'il vous plaît, ne rejetons pas en bloc tous ces changements. Mes grands-mères n'avaient pas le droit de vote quand elles sont nées, et dans les années 1960, un journaliste pouvait dire sans aucun problème à la télévision : « Les femmes sont comme les boulettes de viande : plus tu les bats, meilleures elles sont ». Je le sais parce que votre papa ne me laisse regarder que la chaîne *Histoire* (Casse-pied à mourir ! Aucune émission ne date d'après les années 1970. Tu as envie d'une petite comédie romantique et tu tombes sur une soirée spéciale consacrée aux banlieues romaines dans l'après-guerre). Quoi qu'il en soit, j'ai ainsi appris que pour choisir une bonne épouse il fallait être sûr *qu'elle prie, qu'elle se taise et qu'elle reste à la maison*.

Mais tout cela est très loin et ne menace aucunement vos vies de femmes adultes.

Les choses étaient injustes, oui, mais le retour de balancier est allé trop loin. Le féminisme fut à sa manière une éclosion d'exigences légitimes telles que se sentir aimées, comprises, valorisées. Sauf qu'il a pris la mauvaise route, celle de l'affirmation de soi. Nous sommes entrées nous aussi dans la logique de la domination ; au lieu de déraciner ce que nous contestions, nous l'avons repris pour notre compte (par *nous*, j'entends nos mères ou nos sœurs aînées).

Et finalement les choses ont empiré. L'émancipation, née d'une exigence de justice, a conduit à une idée distordue de la parité. La parité n'est pas l'égalité. Reconnaître la parité, c'est donner une égale dignité à deux identités différentes. Vous le voyez avec vos frères, n'est-ce pas ? En quoi vous ressemblez-vous, à part le désordre, la prédilection pour les graisses hydrogénées et les colorants, et un talent certain pour consteller de taches indélébiles tout vêtement ou tissu avec lequel vous entrez en contact (rideaux, nappes, coussins, de préférence non déhoussables...) ?

La Genèse, – le début de « la grande vie de Jésus » comme vous dites – quand elle raconte la création de l'homme à l'image et à la ressemblance de Dieu, dit seulement « Homme et femme il les créa ». Elle ne parle pas d'une créature intelligente, libre, dotée d'une âme. Aucune de ces qualités n'est à énumérer pour décrire les origines. Seulement homme et femme. Notre identité réside avant tout en cela.

L'identité et le génie de la femme, c'est d'accueillir. Le féminisme l'a nié et nous a eues. Quand on trahit sa propre nature, rien ne va plus et je connais beaucoup de femmes qui en ont perdu la tête (vous en connaissez certaines, même si vous êtes trop petites pour vous en apercevoir). Elles sont tristes, fâchées, déçues, vexées, jalouses. Elles sont séparées d'elles-mêmes. En voulant s'affirmer, elles se sont déformées. Notre corps clame aussi cette vocation à l'accueil, en nous permettant de faire une place pour un autre être dans nos entrailles.

Trop de femmes sont en conflit avec leur mari ou leur compagnon, et deviennent alors insupportables. Juste parce qu'elles n'ont pas compris le secret de l'accueil, puis de la soumission et de l'obéissance comme acte de générosité.

« Bernardo, selon toi, qu'avons-nous de commun, nous, les femmes, avec vous, les hommes ? ai-je demandé à votre frère qui, comme vous le savez, du haut de ses huit ans, nous éclaire souvent par sa sagesse philosophique.

— Que nous sommes tous des êtres vivants, répond-il après avoir réfléchi et mastiqué consciencieusement plusieurs croquettes de poulet.

— Mais, Berni, un arbre aussi est un être vivant.

Nous avons bien autre chose en commun ?

— Rien ne me vient à l'esprit » trancha-t-il sèchement... et probablement pas très bien disposé à l'égard de cet autre sexe à cause d'un excès de représentativité et de bruit à la maison et à l'école, encerclé qu'il est par maman, ses sœurs, ses maîtresses et ses camarades désagréablement expansives pour lui, jeune ours en herbe au verbe rare.

Voilà, nous sommes différentes des hommes, et je crois que quand vous vous poserez la question de qui vous voulez être, il vous faudra en tenir compte. Votre vocation à l'accueil devra s'accomplir d'une manière ou d'une autre, au sein même de la vie que vous choisirez d'avoir. En aucun cas il ne faudra la renier ou l'étouffer. Pour mémoire, vos aspirations actuelles sont : *danseuse* et *docteur des chevaux*. Mais tu dis également, Livia, que tu veux être aussi celle qui cherche des poux, c'est-à-dire une maman. Heureusement, car je dois être pour vous un modèle, et tant pis si l'art d'éliminer les parasites vous semble être mon caractère distinctif.

Que puis-je dire enfin ? J'espère que votre génération de femmes trouvera enfin l'apaisement, que vous pourrez devenir ce que vous devez être en le choisissant librement. C'est une recommandation démodée mais... soyez avant tout fortes, accueillantes, ouvertes aux autres et capables de faire l'unité. En un mot, de belles personnes... autant que vous le pouvez.

Avec tout mon amour,
Maman

*

Voilà, je le savais. J'ai à nouveau utilisé mon ton de prédicateur télévisé. Cela arrive parfois et ce n'est pas très agréable pour celui sur qui cela tombe, surtout s'il a plus de neuf ans. Mais c'est plus fort que moi. Le fait est que je vois autour de moi des femmes qui souffrent, ou qui, dans une moindre mesure, sont insatisfaites ou inquiètes. Même lorsqu'en apparence, elles ont tout.

Au contraire, plus nous avons de choses, plus il nous est difficile (et je dois passer à la première personne du pluriel) de tenir l'édifice, de renoncer à l'hyper contrôle et au perfectionnisme.

Pendant mes premières années d'épouse et de mère, et accessoirement aussi de vie professionnelle, l'écran de mon portable affichait dès qu'il s'allumait : *tu es en retard*. Un petit rappel, à peine réveillée.

Je pense que pour commencer, il faut revenir sur la façon dont nous avons organisé nos vies. On nous en demande beaucoup, et beaucoup trop : l'émancipation nous a surchargées et donc épuisées. Travail, mari, enfants, maison, vie sociale et tout le reste ; il n'est simplement pas possible de tout faire, avec le sourire, en pleine forme, soignées et élégantes.

Bon, sur mon aspect soigné, fermons les yeux. Je suis une paria chez mon coiffeur : je m'y présente deux fois par an, le cheveu dans un état improbable, avec ce qui en reste après une semaine de travail. Avant de m'enfuir avec les cheveux mouillés, pour cause de « Un brushing ? Désolée, pas le temps ! », je reste là, penchée et silencieuse, savourant ce temps précieux. Assise ? Sans rien faire d'autre ? Mais où est-ce que cela peut m'arriver, ailleurs que chez le coiffeur ? Et lire un livre, parmi la centaine en attente sur l'étagère qui me lance des œillades de désapprobation à chaque fois que je passe à côté ? Sans parler des protestations du coiffeur sur ma chevelure exténuée.

À un moment donné, il s'agit de s'arrêter pour relativiser, et accepter avec sérénité d'être en retard, plus précisément de ne pas être parfaites.

Je ne connais pas une seule femme autour de moi qui ne se plaigne du manque de temps. Alors peut-être faut-il commencer par apprendre à faire les choses avec plus de légèreté. Mais que celles qui y parviennent me dévoilent leur secret, car personnellement, j'aurais tendance à traiter tout tracas quotidien comme une question décisive et non négociable, à vivre ma journée comme une finale de coupe d'Europe et le moindre conflit comme une catastrophe.

Je constate pourtant à chaque fois avec stupeur que l'on survit finalement presque toujours.

J'ai découvert avec une réelle surprise qu'aucun de mes enfants n'est mort pour quelques poignées de microbes, quand ils avancent vers toi à quatre pattes avec une chaussure boueuse dans la bouche (en espérant que c'est bien de la boue), lorsque tu viens juste de passer la serpillère. Ils survivent, même si, certains soirs, ils mangent des cochonneries de plats cuisinés ou que, leur ayant allumé la télévision, vous tombez sur un programme devant lequel vous vous endormez car vous n'en pouvez plus. Ils survivent aussi, chose incroyable, si pendant une année tu n'es pas déléguée des parents, et que tu loupes une réunion sur le projet pédagogique de l'école – de toute façon, quand c'est moi qui y vais, je lis autre chose sous la table parce que tout ce qui touche au *scolaire* me demande un interprète.

Il faut certainement apprendre à être moins exigeante et, si l'on est mariée, à faire confiance à celui qui est à nos côtés ; le laisser faire les choses à sa façon (même si, que ce soit clair, personne à la maison ne brûle les flans *à ma façon*), apprendre à déléguer, renoncer au contrôle total et accepter de faire sans.

La femme n'avance pas quand elle prend appui sur des bases qui lui sont extérieures, telles que les hommes, le travail, la beauté... au lieu de se fonder sur le Seul qui pourrait lui donner cette sécurité.

La femme se perd quand elle oublie qui elle est. La femme est principalement épouse et mère. Elle doit ouvrir un espace et offrir sa protection, mais pas seulement dans les limites étroites de la famille : nous pouvons être compagnes et mères de toutes les personnes qui pénètrent dans notre monde (si l'une de mes sages et accueillantes amies veut m'adopter, je suis là : je suis toute simple, pas susceptible, et une adoption à distance me convient aussi, avec la livraison du repas à domicile. Nous sommes six, mais je rends les plats propres).

Comme le dit Edith Stein, l'âme de la femme doit être large, c'est-à-dire ouverte à tous. Elle doit être chaude et lumineuse pour aider les petites plantes qui peinent à pousser, emplie de paix car en cas d'orage, les graines peuvent ne pas tenir le coup, bien arrimée car certaines fois, les intrusions de l'extérieur sont dangereuses comme des cyclones, disponible, puisqu'il faut une terre fertile pour faire pousser quelque chose, maîtresse d'elle-même car elle doit être prête à servir, et non pas être esclave d'elle-même et de ses humeurs qui pourraient s'abattre sur les autres comme une averse de grêle.

Sans aucun doute, nous avons une âme bien large, intéressées comme nous le sommes par les *affaires* de ceux qui sont à nos côtés. Mais pas toujours avec l'intention la plus noble. Il suffit de dire à une amie vite avant qu'elle ne raccroche : « J'avais juste un truc à te raconter. Je viens de l'apprendre, mais surtout, ça reste entre nous », et il est à peu près certain que l'amie ne va pas raccrocher ! Pas pour dire du mal, oh non, loin s'en faut. Juste pour son bien à elle !

Ce n'est pas tout à fait cette idée de la grandeur d'âme qu'avait Edith Stein, elle qui était, avant de devenir sainte et patronne de l'Europe sous le nom de Thérèse-Bénédicte de la Croix, une philosophe finement cultivée et une élève d'Husserl. Et elle a écrit des pages absolument capitales sur la femme.

Une âme silencieuse et réservée n'est habituellement pas dans notre dotation de base. En tout cas, pas dans la mienne, soyons franche, bien que ce soit le rêve de mon mari qui ne me trouve jamais aussi irrésistible que lorsque j'ai quarante de fièvre, et que je suis au fond de mon lit avec un glaçon sur la tête. Nous devons apprendre le silence : sans lui, nous n'entendons pas les voix les plus faibles. C'est en y travaillant que l'on peut avoir une âme pondérée et détachée de nous-mêmes, capable de faire de la place aux autres et de leur donner un moyen de se faire entendre. Nous sommes chaleureuses, mais d'une chaleur qui n'est pas toujours équilibrée, en ce qui me concerne en tous cas. Dans ce domaine, les hommes sont plus perspicaces que nous, et nous avons beaucoup à apprendre d'eux.

Si ce n'est pas nous qui accueillons ceux qui nous sont confiés, personne d'autre ne le fera. Comme le dit Billy Joel, philosophe moins profond que Stein mais certainement plus facile à écouter, la femme peut faire jaillir de l'homme le meilleur et le pire de ce qu'il y a en lui (*Always a woman...* Laquelle d'entre nous ne s'est pas un jour sentie particulièrement flattée en l'écoutant ?). Le monde est entre nos mains ; mais il semble abandonné car nous nous sommes perdues. Il est presque trop évident que c'est nous qui tenons les ficelles des rapports humains, de la croissance de chacun et de l'éducation. Mais si nous trahissons notre nature ces domaines tomberont en friche.

Les femmes qui en sont arrivées à la trahison suprême, souvent victimes d'événements dans lesquels elles se sont perdues, et qui ont avorté, se chargent d'un lourd fardeau. Ce sont des femmes blessées qui ont besoin de tendresse, car prendre conscience d'une telle erreur est particulièrement douloureux.

Avec elles, nous devons toutes apprendre le don de l'accueil qui transforme les autres, en particulier l'homme qui est à nos côtés. La femme *accomplie* aime en premier. Elle écoute, console, encourage, pardonne, réunit, fait de la place aux autres. Elle met de la tendresse dans sa famille. Par sa soumission, elle construit le père. En le plaçant au-dessus d'elle, elle lui donne de l'autorité. Elle a confiance en elle, puisqu'elle sait qui elle est, et elle n'a pas peur de se perdre en laissant gagner un autre, ou plutôt l'autre.

Break on through to the other side

Cher Marco,

Tu es la preuve vivante que le théorème de *Quand Harry rencontre Sally* – les hommes et les femmes ne peuvent pas être amis, car à un moment ou à un autre, la sexualité s'en mêle – est faux. Certes, cela arrive rarement. Mais tu es un véritable ami, chaleureux et réconfortant ; un ami dont on ne peut se passer, un peu comme le copain rondouillet au collège, à qui on confiait toutes nos peines de cœur (je me déclare tout de même officiellement vexée si tu confirmes que tu n'as jamais – même pas une fois ? – nourri de pensées coupables à mon égard).

En échange de mon affection sincère et désintéressée, tu me confies ce cadeau précieux qu'est ton point de vue masculin sur les choses : tu es un peu le porte-parole d'une autre planète ou d'une galaxie lointaine.

À toi, on peut demander un avis masculin sur la taille de nos cuisses, nos cheveux, la coupe d'une jupe... Sujets auxquels tes semblables sont complètement indifférents, à moins qu'ils ne soient dans une situation qui les amène à tirer un profit immédiat des sujets en question.

Avec une abnégation héroïque, tu peux courageusement participer à des conversations entières qui tournent autour de la façon qu'a eue untel ou untel de me répondre. Martyr de l'amitié, tu m'as écoutée pendant des heures lors de mes crises de jalousie. Tu décortiques avec moi des problèmes inexistants, pour lesquels tes semblables se limiteraient à une petite tape virile sur l'épaule. Tu préfères même parler avec moi, ou avec une autre membre de ta grande bande de copines, plutôt que d'émettre des sons inarticulés avec tes congénères devant n'importe quelle partie de n'importe quel sport dans lequel un objet sphérique bouge dans n'importe quelle direction.

Et, argument suprême qui me ferait témoigner en faveur de ta canonisation, tu ne te vexes pratiquement jamais.

C'est pour cela, et aussi parce que je t'aime vraiment beaucoup (cela faisait longtemps que je ne te l'avais pas dit !), que je te demande pour la énième fois : pourquoi Chiara et toi ne vous mariez-vous pas ?

Probablement parce que vous vivez ensemble depuis des temps immémoriaux, et que n'étant pas croyants, vous n'avez aucune raison de demander la bénédiction de Dieu (lequel, selon vous, n'existe pas), ni d'officialiser votre lien devant l'État (lequel ne vous intéresse pas).

D'ailleurs, au-delà de toutes les polémiques de mauvaise foi sur l'union libre, vous savez très bien que les couples en concubinage sont favorisés de multiples façons. Par exemple, pour des motifs totalement inconcevables à tout esprit normalement constitué, lorsqu'ils ont des enfants, les couples non mariés ont la possibilité, en n'additionnant pas leurs revenus, de recevoir davantage de *prestations familiales* – notez le nom bizarre – que deux époux. Ce sont des arguments auxquels il est difficile d'objecter ; c'est pourquoi, comme à chaque fois que je perds du terrain, je passe à l'insulte.

Tu es un lâche, un gamin, et une lavette. Il est temps que tu épouses Chiara et que tu cesses de maintenir toutes les portes ouvertes en regardant autour de toi d'un air vague, t'imaginant ouvrir une crêperie à Paris ou un bar à sushis à Manhattan. Mais quelle idée grandiose ! Et pourquoi pas aussi un kiosque à saucisses à Munich ? C'est un rêve. Ce n'est pas la vie, mais le halo d'émotions qui l'entoure.

As-tu jamais entrepris quelque chose de concret pour donner vie à tes beaux projets ? As-tu demandé l'autorisation d'exercer à temps partiel ? As-tu commencé les démarches ? Tu continues à dire que tu ne mourras pas salarié de ton entreprise, mais en attendant, pour changer cela, tu ne lèves pas le petit doigt. Tu bouges seulement celui qui te sert à déplier ta fiche de paie à la fin du mois.

À cause de ta vision idéaliste de l'entrepreneur

aventureux – tu as peut-être vu trop de films américains – tu es convaincu que partir très loin pour faire des choses insolites t'ouvrirait un nouvel Eldorado. Mais quel autre territoire aussi excitant à explorer qu'une nouvelle vie à engendrer ?

Et puis, pardonne-moi de dire cela à un vieux rocker comme toi, mais tes chers Doors ont fait leur temps. *Break on through to the other side* pouvait avoir un sens dans l'Amérique des années 1960, mais c'est dépassé. Maintenant, faut-il que je te le rappelle, le vrai *other side*, c'est de s'engager à prendre soin de quelqu'un pour toujours (des enfants par exemple). Le vrai risque, c'est de prendre la vie au sérieux, pas de faire ce qu'il te plaît. Explique-moi ce qu'il y a de dangereux et d'héroïque dans le fait de n'en faire qu'à sa tête ? Tout le monde est doué pour ça. La vraie transgression, c'est l'engagement ; certainement pas la fuite.

En outre, à bien y regarder, une chose est de crier *qu'il faut tout casser jusqu'à ce qu'on s'évade de l'autre côté avant que le jour ne chasse la nuit*, quand on est Jim Morrison sur la plage de Venise en 1967. Une autre – mais peu de gens ont ce sens du ridicule – est de faire l'apologie de la vie de rebelle quand on est un chanteur à minettes. Pour ne pas dire quand on s'appelle Marco, et qu'on prétend faire de la plongée sous-marine dans les flaques d'une plage bourrée de touristes.

Si tu dois tout rejeter, ne fais pas ton petit-bras. Fais-le en grand, avec du style. Prends tout ce que tu as, vends-le, et pars sans regarder en arrière. Ose, et mouille-toi.

Mais au lieu de cela, tu t'endors dans l'illusion de la fuite – ce qui est bien un mode de pensée profondément masculin – et tu ronchonnes, seul, sans prendre la peine de regarder ce que tu as. Tu as une femme intelligente (et arrête de reluquer les autres, car si Chiara te quitte, tu es un homme mort) et un travail intéressant, même si tu te plains toujours de sa routine exaspérante. C'est vrai que tu es doué, et pourrais faire mieux au quotidien. Mais connais-tu un travail qui ne comporte aucun aspect rébarbatif et peu épanouissant ? Sois heureux de ne pas être, que sais-je, magasinier dans une grande surface, ou technicien d'appel sur une plateforme téléphonique. Même les grands artistes doivent parfois se la jouer mercenaires : on ne peut pas toujours écrire la *Neuvième* de Beethoven.

J'admets que pour Chiara et toi, cela peut sembler difficile de devenir des époux, même si vous vivez ensemble depuis des années (ou justement pour cette raison), parce qu'en se mariant, le climat change. La porte de la maison se ferme, et même si on peut toujours s'enfuir, on est dans l'idée du définitif et du sans appel. J'ai une seule vie et je la remets dans les mains de cette personne. Je me rends. Si l'on y réfléchit bien, cela donne des frissons.

Par certains aspects, je te comprends. J'ai réussi à être la dernière à me faire salarier parmi les journalistes de ma promotion (il n'y avait pas trop d'empressement de la part de mes chefs, pour être honnête) et je suis la seule des ex-pigistes qui n'ait pas fêté son embauche. Même pas un petit gâteau à la rédaction : le contrat à durée indéterminée, quelle angoisse !

Mais dans la vie personnelle, c'est autre chose. Rien ne peut remplacer la fécondité d'un engagement définitif.

Tu affronteras directement la différence entre Chiara et toi. Parce qu'il y en a, bien que vous vous obstiniez à les nier, vous les couples post-féministes, apôtres de l'indifférenciation.

Mais de quelle égalité parle-t-on ? Moi, qui ai deux filles et deux garçons, je peux te dire que dès le premier vagissement d'un nouveau-né, il y a une différence.

Je me souviens très bien quand Livia, l'enfant la plus obéissante que l'on puisse imaginer, fut prise d'une crise d'hystérie incontrôlable après sa rencontre fulgurante avec l'objet de ses désirs. Elle avait un an. Nous étions à Lorette, où je devais solder un compte avec la Vierge Marie. Elle ne parlait pas et ne marchait pas bien. De sa poussette, elle commença à pousser des cris émerveillés, en essayant de s'approcher de la vitrine de ses rêves qui était pleine de poupées de chiffon. Après un an de jouets d'occasion (dragons, monstres velus, cubes en plastique et jeux constructions) dont je pensais qu'ils pourraient fonctionner comme pour ses frères, elle était finalement en train de choisir une chose vraiment à elle. Une poupée à caresser, à soigner, à nourrir. Évidement, cela a été impossible de lui résister, et c'est ainsi que Livia a reçu le premier d'une longue série de petits êtres à faire manger avec des tasses de cailloux et de feuilles dans le jardin. Va le dire aux féministes qui nient l'existence de l'instinct maternel.

Sa sœur, quant à elle, joue la pauvre princesse malheureuse à la recherche d'un mari. Elle prend soin des nombreux visiteurs masculins de notre maison (de jeunes garçons courageux qui ont entre sept et dix ans). Elle arbore continuellement une robe de mariée (on ne sait jamais) : une robe crasseuse et abîmée que je ne peux laver qu'en cachette, en espérant que le prince charmant ne se présentera pas justement au moment du rinçage.

Ils sont différents en tout : les garçons viennent à l'église en râlant, leurs sœurs me suivent très contentes, même si, en vraies filles, elles me reprochent de ne pas m'apprêter suffisamment : « Maman, on ne peut pas aller chez Jésus sans maquillage ! ».

Je ne suis pourtant pas une « pauvre fille », une

femme « non libérée » qui distribuerait les stéréotypes en même temps que le lait maternel. J'ai commencé de la même manière avec tous : j'ai passé des après-midis entiers avec des lettres en carton à la main, qui étaient supposées ouvrir à mes enfants-modèles le monde merveilleux de la lecture. Mais en moins de temps qu'il ne faut pour le dire, la chambre des filles est devenue un repaire orné de satin rose, de strass et de paillettes, et celle des garçons un arsenal. Et pendant que moi, en mère inexpérimentée, je dévorais des manuels entiers dont l'unique objectif était de me convaincre que si mes enfant ne chantaient pas Mozart, ou n'écrivaient pas quelque chef-d'œuvre du haut de leur pot, j'étais fautive, mes petits ont eu la possibilité de développer tranquillement le tempérament dont le Créateur les a dotés.

Tu as beau leur lire la Bible et quelques écrits de Tolstoï (les grands sont d'assez bons lecteurs, je n'ai pas à me plaindre), aucune page imprimée ne peut soutenir la concurrence avec la Playstation (dont le charme est exacerbé par le fait qu'elle n'est savourée qu'à petites doses), mais surtout avec les fusils à billes. Les plus séduisants sont les vrais fusils du grand-père, lequel m'a ramené il y a quelque temps, après sa première journée de chasse, mon viril petit Tommaso plus heureux que je ne l'avais jamais vu.

Et les différences que l'on commence à percevoir

dans l'enfance, d'après mon expérience, ne tendent pas à s'atténuer par la suite. Un homme adulte a un regard de chasseur, qui peut se révéler très utile si une bécasse débarque dans le salon, mais qui l'empêche de la manière la plus absolue de trouver le beurre dans le frigo. Ne parlons même pas du *post-it* « Acheter yaourts » laissé au milieu de la table délaissée. Il est invisible à l'œil du prédateur, probablement parce que le yaourt n'est pas considéré par tous comme un bien de première nécessité. De l'autre côté, l'œil de la femme, incompétent pour la lecture des cartes routières, lui permet d'identifier une alliance sur le doigt d'un guitariste à plusieurs mètres de la scène. Parce que savoir si un homme est disponible ou non fait partie des informations de toute première nécessité.

Lorsque tu as des soucis, tu t'enfermes dans ta tanière, et tu veux surtout être tranquille ; si Chiara te propose d'en parler un peu, une crise d'urticaire te saisit. Elle, en revanche, veut partager ses préoccupations, les disséquer, les analyser, et se libérer d'un poids qu'elle va oublier une fois la conversation terminée. Alors quc toi, tu continues à ruminer en lui cherchant une solution, car étant donné que « moi Tarzan, toi Jane », tu te sens dans l'obligation de rapporter à la maison le gibier et protéger le nid.

Chiara veut maîtriser et anticiper. Toi, tu voudrais que les choses se fassent d'elles-mêmes, bien que, d'après ma modeste expérience, le salaire de la nounou ou les cours de football ne se paient jamais tout seul. Il est évident que je suis du côté de Chiara, ma semblable... mais certaines choses ne peuvent vraiment pas se régler sans un agenda efficace.

Tu as un sens pratique inférieur à la normale, et à chaque fois que je te vois remplir ton sac à dos qui pourrait être celui d'un garçon de treize ans, je me demande pourquoi la maîtresse est si cruelle et ne t'aide pas... Et aussi pourquoi personne ne met jamais de goûter dans ton petit panier.

Tu as entrepris ce qui fut pour toi l'aventure de l'année – te faire faire de nouvelles lunettes – avec un courage résigné qui t'a permis d'affronter, avec une grande abnégation et un total mépris du danger, l'odyssée de la visite chez l'ophtalmo – avec un rendez-vous à honorer – suivie du passage chez l'opticien. Sur les épaules de Chiara repose en revanche toute la gestion quotidienne de votre maison, et malgré cela, ou justement parce que tu as l'esprit libre de toutes ces préoccupations, tu t'octroies le droit de pavaner avec une jolie collègue, et de lui offrir généreusement ton épaule pour ses épanchements saisonniers. Si Chiara t'interroge sur le sujet, tu es capable de répondre avec un aplomb déconcertant : « Mais nous avons surtout parlé de toi, ma chérie ». Vous les hommes, vous avez besoin de vous sentir libres et Chiara, qui est une femme intelligente, le sait et fait semblant de croire à tes bobards.

Ce sont ces sources d'inquiétude bon marché et cette incapacité à s'ancrer dans la réalité – pourtant signe de la maturité – qui t'amènent à rêver, à chaque nouveau documentaire, de devenir berger en Nouvelle-Zélande ou pêcheur à Reykjavik.

Mais explique-moi où tu veux aller, sans compétences professionnelles réelles dans ces domaines-là ? Tu ferais mieux d'apprendre à aimer, et à garder précieusement ton travail : tes velléités sont les (non) problèmes d'une génération, ou plutôt d'une partie privilégiée de notre génération, qui ne s'est jamais posé le problème de la subsistance. Oui, c'est une chance d'avoir de quoi vivre (et je ne vais pas reparler des temps où l'on nous envoyait faire paître les brebis à six ans en délaissant l'école), alors au moins, apprécie-la. Et apprécie ta Chiara. Quelle autre femme pourrait supporter tes plaintes et soutenir à bout de bras ton humeur et ta sérénité ? Parce que quand vous n'allez pas bien, vous les hommes, vous n'allez pas bien. Alors que pour nous (surtout si nous sommes mamans), la mauvaise humeur est un luxe : on ne peut pas se la permettre. Pour une maman, les journées vautrées sur un canapé, les vacances ou les coupures ne sont pas au programme.

Je pourrais continuer la liste des différences encore

longtemps. Mais ce que je veux te dire, c'est que peut-être que votre couple « égalitaire » n'a pas mûri parce que vous vivez, du moins vous avez le désir de vivre, une sorte de « féminisme assumé » : si vous êtes parfaitement égaux, que faites-vous pour vous rendre irremplaçable l'un pour l'autre ? Vous n'arrivez pas à prendre de décision définitive, car vous vous cantonnez chacun à satisfaire quelques besoins de l'autre, mais c'est tout.

Vous ne vous engendrez pas l'un l'autre, comme vous le feriez en comblant mutuellement vos lacunes, et en partageant cette semence de salut qui existe à parts égales mais de manière très différente chez l'homme et chez la femme ; vous n'avez même pas le désir d'avoir des enfants. Mais c'est vrai qu'il y a un rapport profond entre ces deux choses.

Et sache que je ne vais pas t'en prêter un pour changer ta couche quand tu seras vieux. C'est maintenant qu'il faut y penser ; après, il sera trop tard !

Mariez-vous et ayez des enfants, car sinon, il n'y a aucun sens à rester ensemble toute une vie. Autrement, mieux vaut vous quitter et en profiter. Change de femme tous les soirs, expérimente de nouveaux tempéraments, de nouvelles névroses, et de nouveaux styles de disputes. On ne peut pas passer quinze ans ensemble et ne rien produire.

Comment mesurer une année de sa vie ? En nombre

de levers et de couchers de soleil, de rires, de tasses de café, comme chantaient les Bohémiens du Broadway des années 1980 ? Non... Elle se mesure en gestes d'amour, en nombre de fois où tu as su faire une croix sur tes désirs pour te donner à une autre personne, elle s'apprécie dans la vie que tu as pu transmettre à quelqu'un – pas nécessairement un enfant – de plus petit, de plus faible, de plus pauvre.

Il ne suffit pas d'être l'ami intime de tant de personnes, et particulièrement de quelqu'un de merveilleux et inclassable comme moi-même. Tu mérites d'être tout pour une femme, car tu saurais l'être d'une manière vraiment spéciale. Et, soyons honnête, tu as beaucoup de dons et de talents, qu'il ne m'a pas semblé utile de souligner ici. La « maman vintage » se réveille parfois en moi et, en tant que telle, je considère qu'une partie primordiale de ma mission consiste à faire la liste de tout ce que tu peux améliorer. Mes pauvres enfants n'ont pas d'autre choix que de me subir comme cela, mais toi, en revanche, prends-le comme une preuve d'affection : cela veut dire que je t'aime beaucoup.

Ton amie de l'autre espèce.

C.

*

Toutes les fois où je vois un malheureux père aux prises avec un petit tyran de quatre ans qui a décidé de monter sur un jeu trop dangereux pour son âge (le tyran en question hurlant devant le prétendu père de famille qui négocie à genoux la descente du jeu en échange de sept tours sur le petit éléphant rose), je me demande ce que les pères sont devenus.

Je me le demande quand je vois des hommes adultes maltraités par des enfants, parfois roués de coups de pied, souvent insultés, et qu'il n'y a aucune gifle en retour. Je me le demande quand je vois des enfants qui ignorent sciemment les rappels à l'ordre de leurs parents, lesquels crient pour la vingtième fois « Matteoooo ! » pour essayer de faire sortir de la piscine une sorte de petit sauvageon incontrôlable, et quand, enfin, cet adorable Matteo se décide à obéir, ils ne jettent même pas son jeu vidéo au fond du bassin, juste pour lui rappeler qui commande. Je me le demande quand je lis la stupeur sur les visages de mes voisins de plage qui voient des enfants normaux obéir, pas forcément volontiers et pas toujours en souriant, mais en tous les cas des enfants qui répondent aux requêtes qui leur parviennent.

Et je me demande donc qui (a priori pas ce malheureux père), parlera à ses enfants de courage et d'honneur. Qui lira avec eux *Un bon petit diable* ou *L'auberge de l'ange gardien* ?

Je ne sais pas comment seront mes enfants plus tard. Ils seront sûrement peu ou prou dans la moyenne, car j'ai décidé depuis longtemps que je ne souhaitais pas avoir des phénomènes à la maison : pas d'enfants géniaux ou spéciaux, le but de notre existence étant la vie éternelle, et non le Nobel ni même le succès. Ils ouvriront peut-être une quincaillerie et cela sera très bien, il suffit que leur boutique porte un nom pas trop triste. En attendant, si moi, ou mieux, leur père, leur dit « On y va », nous y allons, sans que le débat sur la question ne se prolonge durant des heures.

Il m'est arrivé qu'on me demande « Mais comment faites-vous ? ». Je ne sais pas. Même si leur papa dit « Je compte jusqu'à trois », il n'a encore jamais atteint le trois, et de fait, je n'ai aucune idée de ce qui arriverait s'il y parvenait. Les enfants savent simplement que nous avons peu d'idées, mais qu'elles sont claires. On ne les consulte pas pour n'importe quelle décision. Nous avons conquis notre crédibilité avec quelques punitions symboliques et surtout, avec beaucoup, beaucoup de temps passé ensemble. Faire acte d'autorité sur une chaise longue sous le parasol est impossible ; on ne se fait pas obéir sans bonne volonté ni dévouement, à moins de le faire par violence, mais cela n'a aucun sens.

Un des principes fondamentaux de la vie – tu es ce que tu fais – peut être vérifié assez facilement avec les enfants, parce qu'ils mettent en pratique ce qu'ils voient faire, et non ce qu'ils entendent dire : ils entendent avec les yeux. Je suis par exemple capable d'exposer à mes enfants des théories exhaustives sur l'importance de ne rien manger entre les repas. Sauf que malheureusement, je le fais avec la bouche pleine de fromage. Je picore pendant que je cuisine, et en même temps, je leur refuse un truc à grignoter. Et au passage, je ne m'explique toujours pas pourquoi, cette question de la nourriture est l'objet d'une négociation permanente.

Pour la même raison, il est inutile de délivrer aux enfants des certificats officiels d'estime de soi si on les critique à chaque faux pas, et il est difficile d'imaginer que hurler « ne crie pas » à un enfant puisse fonctionner. On ne peut pas non plus enseigner à coups de taloches qu'il ne faut pas taper les autres enfants.

L'autorité vient de la reconnaissance que vous êtes digne de foi. Et en la matière, j'ai un charisme relatif. Quand je fais une déclaration du type « Dans trois minutes tous à la porte avec les chaussures et le manteau », et que prend fin cet ultimatum menaçant, l'un est affalé sur le canapé en train de grignoter, l'autre peint sa barbie, le troisième entreprend d'écouter de la musique, et les derniers terminent une exploration manuelle de leurs narines. Je me promets alors de me présenter aux prochaines élections présidentielles, moi, la meneuse de foules. Heureusement, avec leur père, cela ne se passe pas ainsi. S'il parle, ils l'écoutent.

Je crois que ce sont surtout les pères qui doivent reprendre leur rôle en main, avec sérieux et application. Ce n'est pas, pour une fois, la responsabilité des femmes, mais de leurs compagnons.

Les pères d'aujourd'hui doivent retrousser leurs manches, et recommencer à incarner la règle.

Un père peut être un superbe cheval pour un Zorro en herbe, faire des duels d'épées laser, se faire shampouiner par des aspirantes coiffeuses, tuer des araignées, chasser des fantômes, préparer de merveilleux goûters à base d'huile de palme. Mais surtout – au lieu de regretter de ne pouvoir allaiter, comme je l'ai déjà entendu – il doit conduire, indiquer la route, donner l'orientation générale et aider à la suivre chaque jour, mettre des limites, et sécuriser tout le monde.

Il peut essayer de discuter les objectifs, et proposer des choix, surtout quand les enfants grandissent, mais il doit savoir aussi s'imposer quand il le faut. Parce qu'à la question : « Andrea chéri, est-ce que tu veux qu'on aille faire les devoirs ? », il n'existe pas un enfant au monde qui répond : « Oui, volontiers ». Ni d'ailleurs aux questions « Est-ce que tu veux rentrer à la maison ? », quand il est en train de jouer au foot avec ses copains, ou « Andrea chéri, est-ce que tu penses qu'il est l'heure d'aller se coucher ? » quand il est en train de faire autre chose, n'importe quoi, même nettoyer les interstices entre les carreaux de la salle de bain, car pour un enfant, tout est mieux que le lit.

Et pourtant, j'entends de plus en plus souvent des parents demander à leurs enfants des avis sur des points qui devraient leur être imposés. C'est la conséquence du principe inventé par les Lumières qui a prévalu jusqu'à devenir un concept dominant, et selon lequel l'homme est naturellement bon.

Si tu penses que ce petit être en face de toi, mis dans de justes conditions, saura trouver en lui-même les motivations et la force pour toujours choisir le bien, à quoi sert l'autorité ? Avec de tels principes, l'humanité devrait s'autoréguler.

Alors puisque nous parlons d'autorégulation, allons-y ! Essayons donc de proposer à une fête d'enfants de six ans un plat de crudités et un plat rempli de bonbons bien sucrés et pleins de colorants. Essayons de les mettre à la queue leu leu devant un panier rempli de jouets, en leur demandant surtout de n'en prendre qu'un à la fois, et de bien penser à celui qui vient après. Essayons de les laisser éteindre tous seuls la Playstation, quand ils estimeront qu'il est temps de se consacrer à la lecture de l'*Énéide.*

Celui qui a élaboré cette théorie n'a jamais vu un enfant arracher les yeux de son petit copain pour lui prendre sa voiture, laquelle doit nécessairement être conquise puisque plus brillante et plus grosse. Il n'a jamais vu d'adorables fillettes blondes se battre à coups de dents pour un petit chat en peluche. Il n'a jamais vu un enfant croulant sous les paquets faire la moue parce que son frère a reçu un cadeau *beaucoup plus cool.*

Et il n'a jamais observé non plus avec beaucoup d'objectivité les adultes qui combattent du matin au soir leurs démons intérieurs, pour tenter jour après jour d'être des personnes convenables, et de dissimuler derrière des masques plus ou moins opaques leur cloaque. Et cela, dans l'hypothèse où tout se passe bien. Parce qu'il arrive aussi que l'*adulte* susmentionné déploie toute son énergie pour obtenir du matin au soir le maximum de bénéfices en faisant le minimum d'efforts ; cela commence par un dépassement sur la droite, puis continue avec un travail bâclé ou déchargé sur un collègue (ce qui permet d'avoir plus de temps pour alimenter les ragots à propos de celui qui n'est pas là aujourd'hui), et ainsi de suite... Avec une file de mauvaises actions très ordinaires – le mal est banal – mais exécutées avec la régularité d'un métronome, pour étancher la soif de pouvoir, de privilège et de confort que nous avons tous et qui finalement, à bien y regarder, n'est que l'expression du désir d'amour présent en nous.

En chacun, il y a cette propension au mal que nous, catholiques, appelons le péché originel : des trésors de créativité déployés pour désobéir, et sans lesquels ce qui se passe dans le monde serait difficile à expliquer.

Lutter pour la conquête de la liberté et du bonheur véritables doit être le sens de notre vie. Nous devons continuer à les rechercher jusqu'à notre dernier souffle, et essayer de les transmettre à nos enfants dès leur premier jour. Pas seulement pour la récompense finale, mais parce que nous pouvons ainsi être heureux dès maintenant. Et nous, les croyants, pensons que sans Dieu, ce bon Père qui nous soutient, on ne peut pas y arriver. Nous avons des difficultés à partager toutes ces convictions parce qu'elles ne sont pas assez solides en nous-mêmes. Désormais le doute est très tendance, et affirmer que l'on n'a aucune certitude fait paraître très intelligent.

À vrai dire, un homme qui aurait des opinions dignes de l'âge de pierre et mènerait de courageuses batailles me plairait vraiment beaucoup. Mais je ne dois pas être tout à fait représentative de la moyenne des femmes, et étant donné le petit nombre de semblables spécimens autour de moi, j'en déduis qu'ils doivent être peu demandés. Quoi qu'il en soit, je suis à peu près sûre de moi au sujet des pères. Ils ne peuvent pas circuler avec un mot collé sur le dos disant : « Ne me suivez pas, je me suis perdu ». Cela devrait être interdit par la loi, et s'ils n'ont pas de convictions, il faut qu'ils en trouvent urgemment, dès que leur héritier sort de la salle d'accouchement.

Le problème est que l'homme a perdu son identité de père mais aussi son identité d'homme. Ce doit être le fruit d'autres transformations économico-socio-politico-psycho-quelque chose, (appelez quelqu'un car moi, je ne sais pas répondre), mais il me semble que trop d'hommes sont à la recherche de qui ils sont.

« Sais-tu quelle est la dernière tendance *homme* de la saison ? »

C'est ma sœur. Elle m'appelle d'un lieu de vacances très à la mode. Bien plus à la mode que le mien, fréquenté par des petites familles de province qui arrivent (allez, inutile que je fasse la snob) sur la plage avec six chariots de seaux en plastique et de glacières pleines, avec de quoi rassasier toute une équipe de joueurs de pétanque en excursion. Et donc non, je ne sais pas quelle est la tendance *homme* à la fête de la pastèque du 15 août (et nous ne nous sommes pas posé la question !). Voici donc la douche froide, la blague de l'année, des quinze dernières années d'ailleurs.

« C'est le... ça... du maillot de bain masculin, me révèle ma sœur, de cette villégiature très branchée.

– Quoi ? Le rinçage du maillot de bain masculin ? »

Je n'entends pas bien mais le rinçage ne me paraît pas être une grande nouveauté en matière de tendance. Mon mari aussi rince son caleçon de bain, long jusqu'aux genoux, quand l'eau salée lui irrite la peau ; et c'est le même modèle que celui de mon beau-père, invariable depuis que je le connais.

« Non, pas le rinçage. Le *push-up* ! Euh... Une couture sur la partie inférieure du slip qui donne à l'équipement une forme particulière, disons aérodynamique, particulièrement valorisante pour les dimensions. »

Je suis désolée, ce doit être l'âge, mais je trouve ce type d'hommes excitants comme l'arrière d'une camionnette : brillant, bombé, mais totalement inerte. Je ne sais pas quel pourcentage d'hommes s'intéresse à cette nouvelle approche du physique, ni s'il s'agit majoritairement des plus jeunes. Mais je suis consternée de voir tant de jeunes gens tellement soignés, l'air satisfait, avec une allure vaguement féminine, qui ont une fréquentation de l'esthéticienne pour des épilations sans aucun doute plus assidue que la mienne, et qui passent des heures et des heures dans des salles de musculation. Un tel homme me fait l'effet d'un *Chihuahua à sa mémère*.

Je soupçonne un lien entre la perte d'identité et tous ces types de trans, de métrosexuels et d'hommes efféminés, en bref entre le *push-up* du maillot de bain et la perte d'une idée commune et solide de la virilité, mais je ne saurais expliquer lequel...

Le talent pour choisir Mister Wrong

Chère Agata,

Tu es « *'nu femminone 'e femmina* », comme me l'a susurré un jour, en guise de compliment, un collègue napolitain qui était sans doute (et malheureusement !) plus intéressé par mon ébauche d'inventaire de l'économie islandaise que par mon dos nu, mais peu importe. Autrement dit, tu es une très belle femme. Ce que je me demande donc, c'est pourquoi une femme aussi belle que toi n'est pas pourchassée par une horde d'hommes prêts à tout pour te mettre la main dessus, te soustraire à la vue des autres et t'enfermer dans un château ? Pourquoi n'es-tu pas fiancée ou mariée, comme au fond tu le souhaiterais ? Les idées que les femmes se font du goût des hommes ne sont pas forcément les bonnes, on le sait bien. Je l'ai compris aux quelques rires discrets de mon mari, qui s'efforce de ne jamais laisser échapper de commentaires imprudents. Il s'est aussi entraîné à me donner une série de réponses standard :

« Tu me trouves comment ?

– Très mince. »

C'est automatique. Il me répond sans même se retourner pour me regarder (parce qu'une femme, comme disait Coco Chanel, n'est jamais ni trop riche ni trop mince). Ou quand je lui demande si j'ai le temps de me refaire une beauté, il me répond que je suis très belle, même sans maquillage !

Lorsqu'à la rédaction, devant la starlette du moment, je dis à mes collègues : « Mais qu'est-ce qu'elle est vulgaire, celle-là ! », ils acquiescent, conciliants. Et si j'ajoute alors que Charlotte Gainsbourg est bien mieux, avec sa petite poitrine, son nez un peu irrégulier, et son élégance raffinée, ils acquiescent toujours... du bout des lèvres, alors qu'ils dévorent des yeux la jeune starlette au regard légèrement bovin (et à la poitrine insultante pour les femmes normales que nous sommes).

Bref, les goûts des hommes m'échappent peut-être, mais si j'en étais un je me fiancerais bien avec toi, s'il existait encore quelqu'un pour utiliser ce mot.

Tu es belle, intelligente, sympathique et agréable. Tu as le sens de l'humour. Je ne comprends pas pourquoi les hommes ne font pas la queue pour un dîner en tête à tête avec toi. Je ne comprends pas non plus ton acharnement à choisir sans cesse *Mister Wrong*. Tu le flaires à des kilomètres à la ronde, tu le vises avec précision et tu l'atteins à la perfection, ce qui te permet de te jeter à ton tour tête baissée dans cette nouvelle aventure.

C'est pourtant à toi que je dois les bases de ma

formation de femme adulte et responsable : l'art du maquillage qui donne cet air de *séductrice en fin de soirée,* avec les fameux *bedroom eyes* (tu vois, Guido, le crayon n'a pas coulé : c'est fait exprès). Et aussi certaines règles d'or, comme : « Si les chaussures te font mal dans le magasin, elles te feront mal partout », ou : « Si tu te vernis les ongles mais que tu t'habilles n'importe comment, c'est comme si tu mettais une cravate à un cochon ».

Tu es la meilleure styliste qu'une amie puisse espérer. D'abord parce que toi, au moins, tu en as un, de style. Tu n'es pas comme moi, qui arrive une fois tous les six mois à caser une pause shopping sur le trajet maison-boulot, et qui repars avec tous les vêtements noirs et gris qu'il est possible d'essayer en quarante-deux minutes, avec l'idée de les porter avec quelque chose de coloré que je n'achèterai jamais.

Tu assumes avec désinvolture et élégance des hanches généreuses, ce qui ne t'empêche pas de porter avec classe des chaussettes hautes en même temps que des bottines. Tu sais ce que tu fais, tu as toujours l'accessoire qu'il faut et la chaussure adaptée – car c'est à la chaussure que l'on juge du style, m'as-tu appris – pour relever le jean-col roulé le plus banal.

Ta conversation est toujours piquante et sympathique ; pas forcément très profonde, mais tu le reconnais sans problème. Tu n'as peut-être pas lu *Éloge de la conscience* de Ratzinger, mais tu connais tous les romans (enfin, surtout les films) de l'année.

Tu sais vivre en société : tu es allée dans de bonnes écoles, tu as voyagé, tu sors, tu fréquentes des êtres humains qui ont plus de huit ans, tu es capable de faire un discours à une soirée d'anniversaire devant trente personnes qui te sont totalement étrangères sans perdre le contrôle de la situation (s'il vous plaît, ne me demandez jamais cela ! Je peux vous écrire trente lettres manuscrites mais un discours, hors de question !).

Quand nous rencontrons une personne importante, tu arrives à montrer le meilleur de toi-même, tandis que moi, j'affiche le pire. Ou plutôt, je me tais, ce qui n'est pas forcément le pire. Mais si tu pouvais imaginer toutes les phrases intelligentes qui me viennent à l'esprit quelques jours plus tard...

Tu sais te tirer en beauté de toute sorte d'impasse existentielle ou professionnelle. Si cela dépendait de moi, je t'enverrais faire du direct n'importe où pour couvrir n'importe quel événement, car tu trouverais toujours quelque chose à dire. Si moi, quelqu'un me dit qu'il m'a vue à la télévision, j'ai toujours peur que ce soit pour me parler du morceau d'épinard que j'avais entre les dents.

Tu sais dire la vérité sans n'être (presque) jamais blessante. Tu peux rire de toi-même et des autres avec légèreté. Tu sais même te casser la figure avec classe, comme au ski l'année dernière, alors que moi, je ne ferais jamais un sport qui demande plus de coordination que mettre un pied devant l'autre. À part la course à pied, je n'ai guère que le ski de fond. Mais comme je préfère me fatiguer pour quelque chose, si c'est moins de quarante kilomètres, ça ne m'intéresse pas.

Tu vois la vie avec beaucoup de flegme. Au fond, tu es jamaïcaine : « *Take the best of it* », dis-tu avec un pragmatisme tout anglo-saxon (pendant que moi, je me lance dans des missions presque toujours impossibles à réaliser et perdues d'avance). Tu ne ressembles pas à la femme qui cherche à se marier, ni de près ni de loin, – le mâle moyen aujourd'hui redoute, par-dessus tout, les femmes qui cherchent un mari – et seuls les gens qui te connaissent très bien savent que tu commences à envisager cette perspective. D'où la question que je me pose : comment as-tu fait pour accumuler une série aussi parfaite d'échecs sentimentaux ?

Peut-être avais-tu l'intention de publier une typologie exhaustive de l'homme italien ? À moins que quelqu'un ne t'ait offert de l'argent pour réaliser une étude de marché ?

Quoi qu'il en soit, tu as ramené chez toi des échantillons rigoureusement sélectionnés parmi les pires exemplaires en circulation. Je me souviens du notaire avec la Porsche, celui qui ressemblait à un acteur : les cheveux longs et gominés, le visage bronzé, habillé avec l'intention d'être pris en photo pour la chronique mondaine de *Gala*. À chaque fois que je vous ai rencontrés, miraculeusement ensemble, j'ai vu clignoter sur ta tête d'énormes cornes lumineuses : un avenir radieux de femme trompée tous azimuts t'attendait (mais tu aurais certainement versé tes larmes sur un canapé chic de treize places rouge pétard, en buvant ta camomille dans une théière design).

Ensuite, par un triple salto, tu es passée à l'intellectuel tourmenté : un amour dévorant qui ne t'a pas laissée indemne quand il s'est achevé, mais tu as quand même échappé au risque de pleurer toute ta vie dans un appartement sordide pendant qu'il te trompait avec toutes sortes de gadgets dernier cri dont le petit nom commence par « I ». Dans ces conditions, si tu veux mon avis, c'est mieux de se faire tromper avec une belle blonde : au moins, tu peux l'attendre en bas de chez elle.

Tu n'as pas non plus laissé passer l'homme divorcé. Tellement attirant, mais avec trois enfants adolescents qui t'auraient volontiers planté des épingles dans les yeux. Brillant, drôle, mais régulièrement absent : les gardes alternées, les fêtes de l'école, le mois d'août et tous les mercredis réservés pour la famille (dont tu n'aurais jamais fait partie). Et surtout, l'ombre de la première épouse, toujours présente. Tu pouvais à juste titre croire qu'il voulait prendre son temps avec toi, ne pas se précipiter. En réalité, il voulait simplement éviter de retomber dans une situation familiale similaire à celle dont il venait à peine de s'extirper.

Et maintenant que j'y pense, il y a eu aussi celui qui était dramatiquement attaché à sa maman, et contre lequel je ne voudrais pas trop m'acharner, car je suis moi-même une mère possessive et jalouse, et je crains de pouvoir devenir une belle-mère insupportable. Mais j'espère que tu sauras alors me rappeler ma place : à la maison, en train de tricoter de la layette et de cajoler mes petits-enfants, avec un seul jeton pour une conversation téléphonique hebdomadaire. Ton problème, et celui de beaucoup d'entre nous qui sommes de cette génération privilégiée née au bon moment et dans le bon endroit du monde, c'est que nous envisageons avec horreur l'idée de renoncer à quelque chose.

Ici, nous considérons comme des droits une série de possibilités qui jusqu'alors étaient inimaginables (et le sont toujours dans une bonne partie du monde).

Nous sommes submergés de biens matériels, et je vais éviter de faire un petit traité sur cette conséquence perverse de la globalisation, grâce à laquelle tout le monde peut s'offrir à peu près tout, mais de bien piètre qualité : nul ne peut prévoir si un simulacre de robe acheté un beau jour pourra passer la semaine.

En revanche, maman, ta robe cache-cœur en soie résiste même à la vie que mon lave-linge et moi lui menons. Certes, je n'ai pas beaucoup d'occasions mondaines où la coupe puisse en être appréciée mais crois-moi, elle fait excellente impression à la messe du matin, là où environ trente-cinq ans me séparent de la plus jeune des douze petites vieilles présentes. Miss Messe, c'est sûr.

Abstraction faite de tous les biens matériels (soudainement devenus nécessaires dans tous les modèles et toutes les couleurs) auxquels nous devons renoncer, ce qui nous semble pénible dans cette partie du monde, c'est de choisir entres toutes les vies possibles. C'est la même sensation que celle de l'adolescence (que connaîtront bientôt mes enfants, mais dont je me souviens encore), période pendant laquelle on veut tout vivre et tout essayer : être partout, écouter, lire, apprendre, flairer l'infinité des vies que le monde semble pouvoir offrir. L'idée qu'un jour il faudra en choisir une et fermer toutes les autres portes, pour toujours, sans avoir la possibilité de se retourner, équivaut à s'enterrer vivant quand on a seize ans.

Et pourtant, après avoir parlé des heures en voiture, mon ami Francesco et moi-même nous nous sommes dit un jour que, quoi que l'on choisisse, devienne ou fasse, on ne pourra jamais occuper que les quelques centimètres carrés que nos deux pieds recouvrent (au moins moi, je fais un bon quarante-et-un). Cette pensée nous a soulagés de toute angoisse existentielle. Que deviendrons-nous ? Que ferons-nous ? Peu importe. Même celui qui a toujours tout gagné ne tient que sur ses deux pieds. Voilà ! Francesco (d'ailleurs, où es-tu passé ?) et moi avions fait ce jour-là un grand pas en avant par rapport à la plupart des personnes de plus de quarante ans que je vois aujourd'hui autour de moi.

Toi, Agata, tu as tout. Tu es bourrée de talents, mais comme tout le monde tu ne peux en cultiver que certains. Tu dois faire des choix. Tu dois décider de ce que tu vas faire de ta vie, et choisir l'homme que tu veux à tes côtés.

C'est casse-pieds, je le sais. Je le sais même très bien. En effet, la phrase la plus souvent prononcée de mon mari, après « J'ai sommeil » (le pauvre, il rentre du travail au milieu de la nuit mais le matin, le reste de la famille n'en tient aucun compte), est : « Costanza, dans la vie on ne peut pas tout faire ».

Effectivement, notre vie sera le résultat de nos choix, faits au fur et à mesure. Ce que tu as pris, ce que tu as laissé. Tout le monde encense la possibilité de garder toutes les portes ouvertes : c'est le syndrome de la sortie de secours. Mais c'est une illusion. Même le choix de garder la porte ouverte est un choix qui ferme quelque chose.

Cela te ferme la possibilité de parcourir une seule route à fond, et de découvrir une richesse que le monde ne connaît pas. Vivre une multitude d'aventures ne t'apportera jamais autant que de vivre un seul amour en profondeur.

Choisir t'apprendra à porter ton quotidien sans aller à la chasse aux émotions et aux sensations fortes. Cela te permettra d'aimer une vie qui, de l'extérieur, semblera banale. Le chemin d'une petite vie ordinaire, et la croissance qui va avec, est escarpé, mais une fois en haut, on découvre une vallée cachée qu'aucun promeneur resté flâner sur la voie balisée par ses émotions n'aurait pu imaginer. Peu de gens y parviennent.

Je prêche bien mais, par nature, j'explorerais encore bien plus de choses que toi, car je déteste choisir. Même à la cafétéria, je n'arrive pas à choisir une table. C'est pour cela que je me mets toujours au bout de la file (mais, s'il vous plaît, ne prenez pas la dernière poire au sirop !).

Heureusement, j'ai un mari doté de bon sens en quantité industrielle, et quatre enfants qui ont réduit à environ huit secondes par jour le temps pendant lequel je peux me demander : « Maintenant, je fais quoi ? ». Généralement, je les passe en contemplant, découragée, mon étagère de crèmes pour le visage, et en calculant mentalement combien j'ai dépensé, et combien de cours de gym j'ai loupé.

Vas-y, choisis une vie, une seule, et tiens-y-toi fermement. Décide-toi pour un homme, et un seul. Les hommes sont une espèce un peu particulière mais, si tu as de la place, – mieux vaut avoir un jardin ou un balcon – tu peux en avoir un à la maison, il ne te fera aucun mal. Je vote pour Paolo. Épouse-le et fondez une famille, il serait temps. Puis, si tu veux, tu m'appelles pour m'énumérer tous ses défauts – est-ce que cela te dérange si je pose un instant le combiné et que je prépare les lasagnes pendant ce temps ? –, mais, au moins, tu auras choisi. Et tu commenceras à vivre.

Une bise de ton élève en stylisme, qui t'est dévouée et qui a hâte d'admirer ta robe de mariée.

C.

*

Sur ce sujet, je voudrais éviter les banalités du style « La bonne personne arrivera au moment où tu t'y attendras le moins... » et de faire des blagues téléphonées du type « ... mais tu ne seras pas à la maison ». Je devrais donc conclure le chapitre ici. Il faudrait citer les millions de livres, de chansons et de films dans lesquels on trouve des mots merveilleux sur l'art de la rencontre. Pour faire bonne impression, je les mentionnerais volontiers, mais hélas, il n'y a que les réflexions de Carrie Bradshaw, dans *Sex and the City*, que j'ai en tête pour le moment.

Malgré la pauvreté de mon patrimoine culturel, je ne peux toutefois pas m'empêcher de m'aventurer sur ce terrain miné. À cause de l'esprit de la méchante commère qui vit en moi, je voudrais voir casés, une bonne fois pour toutes, tous les célibataires de mon entourage. Très honnêtement, je dois avouer que je n'excelle pas vraiment en la matière, car je ne suis jamais parvenue à former un seul couple parmi mes connaissances. Je ne crois pas que je m'occuperai un jour de l'horoscope sentimental, que nous toutes, mes collègues et moi-même, lisons, dès le début de la matinée, bien camouflées derrière un journal plus sérieux.

« Laisse-les tranquilles, ils sont très bien ainsi », me lance mon mari à chaque fois que je lui propose d'inviter à dîner deux candidats qui ignorent tout de leur candidature. Leur tragique situation n'éveille en lui aucune compassion : libres tous les soirs d'aller au cinéma avec une personne différente, pas de réunions d'école, jamais de nuit blanche parce qu'un enfant a fait une chute sur la tête depuis son lit (« Réveillez-le toutes les deux heures pour voir s'il réagit, madame ». Et moi, qui me réveille pour voir si je réagis encore ?).

Dans mes archives secrètes de gens à marier, il y

en a pour lesquels même moi, je commence à perdre espoir. Ils ont un âge avancé et avec les années, l'insouciance diminue et parallèlement, peut-être que la rigidité et les petites manies augmentent. Une collègue m'a raconté un jour son rituel du matin : une série de petites étapes sacrées et intouchables, d'une durée de deux heures entre la sonnerie du réveil et la sortie de la maison. En ce qui concerne une maman, la seule chose acquise au réveil est qu'à un moment, elle parviendra peut-être à se laver les dents.

Pourtant, je continue à croire que ma collègue aussi trouvera un jour quelqu'un de plus charmant que son petit appartement en centre ville, quelqu'un qui aura les mêmes habitudes que les siennes.

La relation de couple répond à notre aspiration profonde. On existe en relation avec quelqu'un. La femme a besoin de l'homme, elle ne peut se passer de lui si elle veut trouver son identité. Quand elle comprend qu'il lui est impossible d'exister seule en plénitude, elle renonce à la tentation d'autonomie ; elle s'offre à lui et elle reçoit tout ce qu'il a à donner, parce qu'un homme, lui, ne résiste pas à une femme qui l'écoute et à une femme qui lui obéit, soumise. Il faut faire confiance, courir le risque de perdre, si l'on veut recevoir.

Certes, le risque est grand, car c'est se remettre pour toujours entre les mains d'une autre personne.

Et il n'y a pas de certificat de garantie, ni de période d'essai, ni de police d'assurance. Rien. Tu te jettes sans filet. C'est un chemin fou, ardu, et très risqué. Tu peux te décider à l'emprunter quand tu es mûre, quand tu as appris à t'aimer toi-même et qu'alors, seulement alors, tu es capable de gestes gratuits.

Beaucoup de femmes de mon âge ne se lancent pas dans le mariage. Alors que c'était auparavant la voie « normale », la seule que l'on pouvait envisager, c'est maintenant une des possibilités, qui sera, croyons-nous, presque toujours devant nous, figés que nous sommes dans une éternelle adolescence.

Du reste, depuis de nombreuses années, les femmes, à l'instar des hommes, n'ont plus besoin d'être mariées pour avoir une vie sexuelle satisfaisante. Pourtant, le fait d'être belles, intelligentes, cultivées, et investies dans leur vie professionnelle peut compliquer un peu les choses. Il arrive que l'on tombe dans le piège qui consiste à donner trop d'importance à sa propre autonomie. Et l'idée d'y renoncer, même partiellement, peut devenir insupportable.

Quant à l'homme, que cela nous plaise ou non, il fonctionne ainsi : il donne avec joie s'il s'éprouve libre. S'il se sent prisonnier, oppressé, ou brimé, il essaie de sortir de la relation. Je suis bien placée pour le dire étant donnée mon tempérament de casse-pieds exemplaire : dans mes meilleurs moments, je vois clairement un *post-it* s'afficher sur le front de mon mari. Sur une liste à la Nick Hornby (les endroits où tu préfèrerais être maintenant), « Avec mon épouse » apparaît juste un peu en dessous de « Dans ma réunion de consommateurs sur la côte amalfitaine avec démonstration de casseroles et set de maniques en cadeau », à la position numéro 24726.

Cette réalité, selon laquelle l'obéissance est inscrite dans la nature féminine – alors que l'homme a vocation à être libre et à conduire –, ne nous plaît pas beaucoup mais il faut en comprendre le sens.

Je crois qu'à la fin de notre histoire personnelle, et aussi à la fin de l'Histoire (parce que l'Histoire a un sens, un début et une fin), la logique de l'obéissance et du commandement sera dépassée. Mais maintenant, l'obéissance est rendue nécessaire à cause de notre nature blessée par le péché originel. C'est avec l'exercice patient et quotidien de l'obéissance que l'on peut aller à la rencontre de l'autre et mettre des limites à notre égoïsme. Parfois avec le réconfort des sens et des émotions. D'autres fois, aussi, contre elles.

L'amour est un choix et une décision. Il doit faire avec les émotions, mais l'émotivité n'en constitue qu'une partie. L'idée communément répandue de l'amour inverse complètement la hiérarchie et met les sensations à la première place. Les livres et les films en débordent : des mers qui ondulent à peine sous le vent de l'émoi, une petite brise qui ne remue rien en profondeur.

Ainsi, parfois, notre amour que nous croyons noble et généreux, s'avère lâche et égoïste, aussi digne de confiance que nos sensations, c'est à dire peu. « Pour toi, je traverserais déserts et forêts, la nuit la plus noire et la tempête. Alors, au revoir, on se retrouve dans le centre-ville à huit heures. S'il ne pleut pas ».

Quand on se marie, le fait de ne pas se reposer sur sa seule émotivité explose dans toute sa violence. L'autre, si l'on n'y prend garde, devient attirant comme une couche sale, une pile de factures ou une odeur de petits légumes bouillis.

Dans mon programme personnel « reste concentrée et continue à être attirante », il y a, parmi les trois premiers points, celui qui consiste à apprendre à parler le langage de l'amour de l'autre.

Les Américains, qui, comme on le sait bien, sont des gens précis (quand tu entres dans leur pays, ils te demandent cordialement : « Excusez-moi, avez-vous l'intention de mener des activités criminelles ou immorales ? »), ont élaboré un manuel à ce propos. Ils ont divisé les langages de l'amour en cinq types, ce qui, à part l'américanité de la chose, a un fondement : pour que nos actes et paroles rejoignent l'autre, il faut que ce dernier les comprenne.

Il y a ceux qui veulent des moments de qualité, des

moments rien que pour eux. C'est le cas de l'un de mes enfants : même si tu lui offres la guitare de ses rêves ou une PlayStation, il pourrait la piétiner deux secondes plus tard, en s'élançant vers toi pour te dire quelque chose et attirer ton attention. Avec lui, tu économises beaucoup d'argent, mais tu le réinvestis en bonbons pour la gorge. Ou en boules Quies, si tu es vraiment très fatiguée.

D'après cet auteur américain (il s'appelle Gary Chapman), il y a aussi ceux qui ne comprennent l'amour qu'à travers le contact physique. Il peut s'agir de baisers, de câlins ou de caresses : tous ces gestes nécessaires dans la petite enfance, mais qui deviennent ensuite accessoires pour la majorité des gens. J'en ai distribué en doses de cheval dans les premières années de la vie des enfants, au point d'en avoir des crampes aux lèvres. Mais maintenant, à part les signes habituels d'affection, seule une de mes filles a besoin d'un contact physique très fréquent, avec une prédilection pour mon cou.

Il y a encore ceux qui sont sensibles aux cadeaux. Quant à mon mari et moi, nous parlons malheureusement deux langages différents, les deux que nous n'avons pas encore abordés. Lui, celui des « services rendus », moi, celui des « paroles valorisantes » (au cas où quelques membres de ma famille, des amis ou des connaissances ne l'auraient pas encore compris...

Donc, s'il vous plaît, jamais la vérité, elle ne m'intéresse pas, seulement des compliments).

Ainsi mon mari, pour exprimer son affection, se transforme en *Mister Wolf* : il résout tous les problèmes (il y a au demeurant un *Mister Wolf* en tout homme). D'ailleurs, il s'y entraîne depuis des années à travers son job à la télévision, là où il peut arriver qu'à une minute de la prise d'antenne, plus rien ne marche, tout semble perdu et que la catastrophe – projeter un écran noir – soit imminente. Et puis finalement, voilà quelqu'un qui continue à essayer, qui découvre des ressources insoupçonnées comme enlever l'élastique de son caleçon pour régler une machine, ou sortir un fil de fer de sa poche pour réparer ce qui ne marche plus (observer le courageux professionnalisme et l'ingéniosité toute italienne de mes collègues me rassure toujours beaucoup, et me fait dire que rien de vraiment mauvais ne pourra arriver à notre pays).

Quoi qu'il en soit, en ce qui me concerne, je voudrais entendre de la part de mon *Mister Wolf* domestique de grandes déclarations et des discours élogieux (élocutions dont je pense qu'il ignore même l'existence), et si nous voulons vraiment aller jusqu'au bout, j'aimerais que le tout soit accompagné d'un bouquet de roses (les pivoines et les renoncules peuvent aussi convenir, et j'adore également la lavande). Alors que lui, pour me faire plaisir, se démène parmi les fils et les appareils technologiques. « Regarde comme c'est beau - m'annonce-t-il triomphalement, comme s'il m'offrait un diamant - maintenant nous pouvons monter une vidéo directement sur l'ordinateur de la maison, en enregistrant l'audio par ici ! » Option qui pourrait se révéler très utile si jamais les enfants - âgés de trois à onze ans - décidaient soudain de partir tous les quatre visiter les châteaux de la Loire (sans nous !).

Quant à moi, au début de notre vie commune, j'avais trouvé sensationnel de lui écrire une lettre magnifique, mais j'avais dû pour cela mettre de côté des détails petit-bourgeois comme la préparation du dîner, et une petite voix me dit qu'il aurait préféré manger quelque chose.

« Tu ne me dis jamais que tu tiens à moi, me suis-je plainte un jour.

— Comment ? Je suis ressorti hier te chercher du Coca-Cola light à l'épicerie de nuit ! »

Le Coca-Cola light est un bien de première nécessité chez nous.

J'ouvre une parenthèse : est-ce qu'il existe aussi le *product placement* dans les livres ? Le cas échéant, je vais indiquer aux directeurs marketing qui me lisent les produits dont je ne peux me passer au quotidien, qui donc seront autant d'occasions de monnayer des publicités : le journal, la série *Beverly Hills* (ce n'est pas de ma faute si j'ai été adolescente dans les années 1980), toutes les crèmes Sisley, le Café Zéro et le Coca-Cola light (encore meilleur avec un goût cerise mais cette variante n'est pas disponible en Italie). Ma survie dépend directement de tous ces ingrédients, et puis cela va de soi, de l'Esprit Saint (mais pour cela, il faut s'adresser directement au Directeur Général plutôt qu'aux directeurs marketing).

J'en viens maintenant au second point de mon programme, qui est, après l'invitation à parler le langage de l'autre, de continuer à être attirante. Je recommanderais la chose suivante : trouver des espaces pour soi. Je crois qu'il est important de le faire dès les débuts du couple, quand on tend à la symbiose. Mais surtout, je suis sûre que c'est absolument fondamental quand on devient une famille.

Il est évident que ces temps et ces espaces ne doivent pas être en concurrence avec ceux du couple : tu ne peux pas passer toutes tes soirées en compagnie de ton meilleur ami parce que lui, il te comprend ; ni avec le bon sens : tu ne peux pas t'entraîner pour le prochain marathon trois heures par jour, sous prétexte que cela te fait du bien et que tu restes tout de même parfaitement disponible pour les enfants, pendant les quatre minutes qui te restent !

Cela peut avoir l'air d'un conseil tout à fait banal,

et je suis contente si vous arrivez à le faire, mais de mon côté, je rencontre beaucoup de personnes – pour être honnêtes, surtout des femmes – qui ont du mal à s'accorder du temps personnel. Et du coup, elles sont fatiguées et se plaignent beaucoup. Parfois, rentrer à la maison une demi-heure plus tard peut être un geste d'amour si cela sert à recharger les batteries et à se faire un petit plaisir. C'est indiqué surtout si l'on ne s'appuie pas sur quelqu'un de la famille, mais plutôt sur une brave nounou, aussi précieuse et irremplaçable qu'un dimanche matin où les enfants ne se réveillent pas à sept heures, événement qui se présente à un rythme bisannuel.

Personnellement, même dans les périodes les plus tumultueuses – allaitement de nourrissons de quelques jours, grippes en série – j'ai toujours essayé de conserver un petit, parfois très petit fil de communication avec moi-même. Ainsi à la messe, chaque jour, je prends le temps de me plaindre en direct au Directeur Général de ce qui ne va pas, et nous discutons amicalement des solutions qui sont envisageables (certes, il faudrait surtout Le remercier, mais Il ne se vexe jamais).

Et puis, je trouve toujours le moyen d'enfiler mes baskets – de manière vraiment fantaisiste et parfois rocambolesque – pour aller faire un peu de sport. La course à pieds m'accompagne depuis l'âge de douze ans, quand le mot *fitness* n'existait pas encore en Italie, que les salles de sport étaient de grands gymnases sombres et malodorants au rez-de-chaussée des écoles et que la locution « masse maigre » venait d'une autre planète. C'était, et c'est toujours le pur plaisir d'éprouver son corps. On commence à courir en étant morts de fatigue ou bien en colère contre trois ou quatre enfants à la fois, et puis on finit en ayant complètement oublié ses problèmes.

Celui qui est soumis soutient le monde

Chère Margherita,

Je m'étais vraiment promis de venir à ton mariage avec une belle lettre. Quand même, je suis ton témoin ! Je fais partie des têtes d'affiche ; c'est le moment de faire bonne figure et de me préparer comme il se doit. Et de le faire au moins pour le tien, de mariage, vu que pour le mien, j'étais spirituellement très préparée, mais pour le reste pas du tout, car non coiffée, et maquillée comme tous les jours, exception faite d'un fard à paupières blanc que ma sœur m'avait obligée à acheter. J'étais aussi en retard, parce que j'étais allée courir deux heures plus tôt, et également prise d'un irrépressible accès d'hilarité et de bonne humeur qui ne m'a pas fait paraître sous mon meilleur jour sur les dizaines de photos de l'oncle Gianfranco.

Toi, tu n'as pas hésité à demander *avant* à ton futur mari de mettre une cravate, entreprise tout à fait impressionnante. « Pourquoi tu t'es mis une serviette autour du coup ? », a demandé Lavinia à son père, stupéfaite devant cet accessoire vestimentaire inédit. Le reste de la famille, en revanche, est arrivé à l'événement princier de tes noces avec beaucoup de classe, c'est à dire vêtu presque comme tous les jours.

Je n'ai pas eu le temps de t'écrire plus tôt. Je n'ai d'ailleurs pas eu le temps de me préparer comme je l'aurais voulu, ni même d'habiller mes enfants d'une manière aussi impeccable que prévu. Je ne sais pas pourquoi, mais ils ont toujours une tache de chocolat, une chaussure délacée, un pantalon trop court ou trop long, ou bien un collant troué sur le genou qui laisse apparaître une égratignure.

Quoi qu'il en soit, même miteux comme à notre habitude, nous sommes arrivés à six, et à l'heure, car je devais m'asseoir à côté de toi. Cela a été une célébration féérique et raffinée, dont mes filles ne garderont cependant que le souvenir de ta traîne en dentelle à faire pâlir d'envie Cendrillon, notre incomparable référence en matière de style. Depuis ce jour-là, elles jouent à s'échanger diadèmes et boucles d'oreilles en plastique, et leurs discussions tournent autour de : « J'en aurai besoin le jour où mon prince viendra et m'épousera ». Quant aux garçons, ils se souviennent de ce jour historique comme celui de la défaite de l'équipe de la Roma contre la Sampdoria, qui leur a coûté le championnat. Que veux-tu y faire ? Ils restent des hommes, dans leur version standard. Et pourtant, ce ne sont pas particulièrement de gros lourds, pas encore du moins.

Bernardo est un élève-modèle : il n'obtient jamais moins de 10/10 à l'école, et il est capable d'être obéissant comme un petit soldat. Quant à Tommaso, l'année dernière, en CM2, lui qui est pourtant par nature un peu moins cérébral que son frère (nous l'avons surnommé à la maison l'Homme des bois), il m'a appelée pendant la nuit pour me demander en quelle année avait eu lieu la conférence de Téhéran (événement historique m'étant tout à fait inconnu, vu que la dernière nouvelle qui me soit parvenue est la chute de l'Empire romain d'Occident). Et il y a juste quelques soirs :

« Maman, c'est quoi le matérialisme dialectique ?

— Si tu ne dors pas, j'appelle papa. »

J'ai essayé de lui faire peur, pendant que je feuilletais nerveusement l'Encyclopédie de philosophie ou d'histoire que j'ai appris à garder toujours à portée de main (avec les fondamentaux tels que les DVD de décoration ou la neuvaine de Mère Espérance), depuis que j'ai pris conscience de mon ignorance abyssale. Même si je le surprends parfois en train d'abuser de l'ordinateur, activité sévèrement rationnée, je le trouve plus souvent en train de se renseigner sur les Wisigoths que de jouer à Texas Hold'em. Cela étant, puisqu'il appartient au genre masculin, il porte lui aussi cette tare qui est presque universelle : le cerveau qui rétrécit quand il voit une balle rouler. Je connais des hommes normaux, voire exceptionnels comme celui que j'ai épousé, qui, au coup d'envoi, subissent la même métamorphose : ils passent instantanément et sans un pli de Sam Peckinpah à un déluge de prédictions stupides, d'une relecture de l'*Idiot* aux commentaires sportifs radiophoniques les plus vulgaires, sans aucune trace d'inhibition.

Je te le dis pour t'y préparer, vu que tu en as adopté un de la même espèce pour la vie entière (et non pas juste pour une escapade de fin de semaine !), jusqu'à ce que la mort vous sépare.

C'est pourquoi je tiens maintenant à t'offrir mon véritable cadeau de mariage, bien plus précieux que l'autre, qui, lui, est arrivé à temps : le secret d'un mariage saint, en d'autres termes, heureux.

Le secret est que les femmes doivent marcher *derrière l'homme qu'elles ont choisi.*

Toi qui me connais bien, tu sais combien cela ne fait pas vraiment partie de ma nature, moi qui ai fait mienne la devise de mon grand-père : « Face au mur, trois pas en avant ». À tel point que je crois être l'une des sept ou huit personnes dans le monde qui ait essayé d'arrêter une voiture par un coup de tête : pour moi un traumatisme crânien, pour elle, une belle bosse. J'aimerais pouvoir en rajouter un peu mais hélas non, ce n'était pas une Aston Martin, juste une Punto. Quoi qu'il en soit, bien que n'étant pas d'une nature à obtempérer facilement, je crois m'être mise à l'écoute. En tout cas, je l'espère, car d'après moi c'est cela que signifie être *épouse* : accueillir avant tout. Pourtant, tu sais bien que comme tout un chacun, je n'aime pas les secondes places. J'ai été plus que compétitive à l'école et à l'université. Encore plus dans le sport, qui fut le seul « loisir » que je me suis autorisé depuis l'année de cinquième jusqu'à ma dernière grossesse : une vingtaine de kilomètres entre Homère et Eschyle, juste pour m'éclaircir les idées. Et tu ne sais peut-être pas que, pendant les années où nous nous sommes perdues de vue, j'étais capable, pour préparer un marathon, d'aller courir à trois heures du matin quand je devais être à la rédaction à cinq pour le journal. Je m'élancais en short à travers cette ville de Rome qui n'était pas la mienne, dans l'obscurité, et cela me semblait normal, même quand je rencontrais un fou tout nu devant l'Autel de la Patrie, qui en me voyant s'est probablement aussi demandé qui était cette folle. Même maintenant, alors que je suis une dame au bord de la quarantaine (assez de ces « jeunes » de plus de quarante ans) et que je cours à la moindre occasion, sans compétition en vue, si quelqu'un me dépasse – même s'il ne s'agit que d'un pigeon –, quelque chose se réveille en moi.

Néanmoins, concernant la vie de couple, il faut une compétition à l'envers : mur ou non, trois pas en arrière. Même quand on ne comprend pas pourquoi, ou que l'on est intimement convaincue d'avoir raison.

Il faut, dans ces moments-là, poser un acte de foi à l'égard du mari, sortir de la logique mondaine du « je veux avoir raison » et entrer dans celle de Dieu, qui a placé près de toi ce saint homme qui te supporte malgré tout, et qui, entre nous soit dit, est aussi un très bel homme. Et s'il a fait quelque chose de déplaisant à tes yeux, c'est toujours avec Dieu que tu dois régler cela. Pour commencer, mets-toi à genoux, et la plupart du temps, c'est ainsi que tu résoudras les problèmes.

Ton mari est le sentier que Dieu a choisi pour t'aimer ; il devient ton chemin vers le ciel. Quand il te dit quelque chose, tu dois l'écouter comme si Dieu te parlait. Avec discernement bien sûr, avec sagesse et intelligence, car il n'est lui aussi qu'un être humain. Mais avec respect, car il voit souvent bien plus clair que toi.

Notre vocation, quelle qu'elle soit, doit toujours servir à nous rendre heureux. Comme le dit Pavel Evdomikov, le théologien russe orthodoxe, si la fin objective du mariage est d'engendrer des enfants, la fin subjective est de s'engendrer soi-même. Sans Luigi, Margherita n'est pas pleinement elle-même !

Est-ce que tu te rends compte de cette grande et inestimable chose que tu as entre les mains ? À travers cette entreprise que tu viens à peine de commencer, avec la grâce de Dieu, tu vas *t'engendrer*. « Mais comment faire ? – m'as-tu demandé mille fois au téléphone – Je dois lui donner raison même quand il a tort ? ». Eh oui.

Car tout d'abord, même si tu as l'impression qu'il a tort, c'est lui, comme nous le disions, qui doit te conduire à la plénitude. C'est donc justement quand vous pensez différemment que tu dois t'ouvrir à lui, et l'accueillir. Dans ce cas, ce qu'il te dit va revêtir un sens précieux pour toi, combler quelque chose, te faire grandir, te faire avancer. Si tu accueilles seulement ce qui est semblable à toi et qui pense comme toi, c'est que tu n'es pas mariée avec un homme mais avec toi-même. À lui, en revanche, tu dois te soumettre. Quand il vous faut choisir entre ce qui te plaît et ce qui lui plaît, choisis en sa faveur : c'est facile. Quand il y a une décision à prendre, et qu'il faut peser le pour et le contre, car la réponse n'est pas évidente, fie-toi à lui, et donne-lui le dernier mot, même si parfois cela peut être légèrement difficile. Quand, entre vos deux positions, la sienne te semble vraiment mauvaise, pour vous, mais peut-être aussi pour les enfants, fais quand même confiance à sa lucidité. Cela peut te sembler impossible, car tu auras peur d'abandonner tes propres convictions, et c'est effrayant. Mais tu ne te jettes pas dans le vide, tu te jettes dans ses bras.

De beaux mots, n'est-ce pas ? À me lire, on dirait que je suis un ange, alors qu'en réalité, j'ai simplement entendu et lu de bonnes paroles. Est-ce que je les vis réellement ? Je ne sais pas. Certainement pas toutes et pas toujours. Mais cela étant, j'ai fait lire à mon mari ce que je suis en train de t'écrire et il n'a émis aucune protestation. Pas même un « pfft », ni même un de ces petits commentaires à l'italienne (Soumise ? Mais qu'est-ce qu'il ne faut pas entendre !) avec lequel il m'assaisonnerait s'il ne me trouvait pas sincère. C'est déjà ça. Au contraire, la soumission élevée au rang de théorie lui a plu. « Femme dévouée, as-tu fini de prendre ton bain ? » m'a-t-il demandé hier soir. Malheureusement, il est italien, et il arrive toujours à priver de poésie mes élans les plus lyriques.

Tu verras, je puis te l'assurer, un homme ne résiste pas à une femme qui le respecte, qui reconnaît son autorité, qui s'efforce avec loyauté de l'écouter et de mettre de côté sa propre manière de voir les choses. Une femme qui met sa langue dans sa poche, cette langue toujours prête à pinailler, à ridiculiser et à mettre en exergue les défaillances de l'autre (nous sommes très douées pour cela, rien à dire). Une femme qui accepte par amour de parcourir des routes très différentes de celles qu'elle choisirait si elle était seule.

Tu verras qu'il te demandera peu à peu ton avis, quoi faire, de quel côté la famille doit aller. Et ce respect s'obtient par l'humilité, ce dévouement par la soumission. C'est pour cela qu'ayant conquis enfin le respect de mon conjoint, je me sens prête à lui exposer sereinement l'intérêt que nous aurions à faire un grand dressing dans notre chambre (le bénéfice immédiat serait que je n'empilerais plus les pulls noirs au fond de l'armoire, ce qui m'éviterait d'en acheter sept de plus la saison suivante).

Et même quand les fruits semblent tarder (je n'ai toujours pas de dressing), nous, chrétiens, nous devons être conscients qu'ils sont en train de mûrir. Nous sommes heureux dans l'espérance, n'est-ce pas ? Nous savons que la vie ne se mesure pas dans ce monde. Nous savons que chaque contrariété, même petite (tu ne penses pas comme lui, tu n'aurais pas concocté ce programme, pas choisi ces vacances ni cette soirée), acceptée avec amour, produit des fruits parfois mystérieux mais jamais perdus. « Que ce qui te fait souffrir soit pour toi plus cher qu'un ermitage » disait saint François, lui qui aurait pu passer sa vie à prier tranquillement dans l'ermitage des Carceri, et qui au lieu de ça, a choisi de demeurer parmi ceux qui ne le comprenaient pas (y compris parfois ses propres frères).

Tu sais bien que la mortification n'est pas pour nous une fin en soi, et que nous ne sommes pas du tout austères : nous aimons parler du *Château intérieur* autant que du dernier vernis Chanel et de l'introuvable nuance Riva, nous aimons lire le *Dialogue de la Divine Providence* et cancaner (en toute mauvaise foi) sur le cou trop court de Carla Bruni (preuve que la justice divine existe). Mais la mortification doit pouvoir te conduire vers un bien supérieur, consistant à accueillir ton mari, et donc à engendrer une nouvelle toi-même.

Puis-je t'avouer, sans vouloir t'offenser, que quand il te met en colère, il me semble toujours que c'est pour des bêtises ? Des petites piqûres à ton orgueil, de petites atteintes à ta trop faible « estime de toi ». Quand tu sais qui tu es et ce que tu vaux – et tu vaux énormément, crois-en quelqu'un qui te connaît et t'aime – tu n'as pas peur d'essuyer quelques critiques. C'est vrai que tu n'es pas encore une cuisinière experte, ni une parfaite maîtresse de maison. Quel est le problème ? Dis-lui qu'il a raison, que c'est vrai, mais que tu apprendras. Devant ta douceur, ton humilité et ton désir de changer, lui aussi se transformera. Sans faire de grands discours, mais en s'appuyant sur ton exemple.

Avec lui, tu auras peut-être l'impression d'y passer des mois voire des années, de patienter pendant une éternité, d'être dans un état d'endettement perpétuel, sans jamais parvenir à équilibrer les comptes. Mais il n'en est pas ainsi. Aucun geste d'amour ne sera vain, tout pas en arrière deviendra une avancée pour tous les deux, aucune parole inutile et gardée sous silence ne sera regrettée.

C'est un chemin difficile et peut-être infini. Tu crois être celle qui se donne le plus (le rôle de la victime nous va très bien : en un instant nous savons enfiler l'uniforme de la ménagère des années 1950, jupe plissée et mise en plis) mais en es-tu certaine ? Il pensera probablement lui aussi qu'il a fait la plus longue partie du chemin pour votre conciliation. Je crois que dans ces cas-là il ne faut pas mesurer qui donne le plus, mais regarder qui est en capacité de donner encore. Si tu as actuellement le sentiment d'être une martyre, cela ne durera pas, car dans une vie, tout peut changer mille fois.

Et puis tu penses l'aimer comme il le souhaite, alors qu'en réalité, tu l'aimes comme tu veux. Tu lui écris des petits mots alors qu'il aimerait que tu fasses quelque chose de concret, comme par exemple inviter sa mère à dîner. Tu rêves d'un bouquet de fleurs, alors qu'il déclare son amour en allant t'acheter de la pizza au poulpe et aux tomates cerise. Apprends son langage, celui des petits gestes concrets, et il apprendra le tien, celui des déclarations à genoux au son du violon.

Tu te plains de son relatif silence, mais où as-tu vécu jusqu'à présent ? Tu ne sais pas qu'un homme ne fait des déclarations que s'il a besoin de te donner une information utile et significative ? Cela m'a pris quelques années, mais j'ai enfin renoncé à entraîner mon mari dans de longues conversations concernant notamment la vie sentimentale des autres êtres humains. Cependant, si j'ai vraiment envie de parler avec lui, il me suffit d'émettre un avis tranché, et très probablement erroné, sur le 4-2/3-1 de la Roma, ou sur la guerre en Afghanistan, pour être assurée d'obtenir une réponse. C'est un travail d'adaptation permanente, et parfois il t'arrivera de penser avoir beaucoup donné, alors qu'en réalité, tu es restée murée dans ton égoïsme.

Si cela ne tenait qu'à moi, ma maison serait toujours pleine. Quant à mon mari, pourtant assigné au rôle de celui qui ajoute une place à table (il met le couvert !), il revendique l'étymologie de son nom, qui est *celui qui vit dans les bois*. Au lieu de partager son repas en exultant de joie, il préfèrerait certainement émigrer dans la forêt. C'est assez difficile de trouver le point d'équilibre, et cela demande de la tolérance de part et d'autre. Il est compliqué de savoir qui a fait le plus grand chemin vers l'autre, étant donné, en outre, que notre table s'est agrémentée au fil des années de quatre places en plus, qui, elles, sont occupées matin, midi et soir, sept jours sur sept.

Dans le doute, quoi qu'il en soit, obéis. Soumets-toi avec confiance.

Pour te donner un autre exemple, moi, j'ai tendance à tout programmer, de façon à ce qu'un maximum d'activités puisse tenir dans ma journée. Un peu comme dans un flipper : plus tu touches d'objectifs, plus tu gagnes de points. Mon mari, en revanche, génère ses idées dans l'ennui et dans le vide, et je dois reconnaître que parfois, cela fonctionne. Il nous est arrivé, juste parce que nous avions trois ou quatre heures devant nous sans rien à faire, de regarder tous ensemble *Des chiffres et des lettres*, ou de visiter les souterrains de saint Clément, ou encore de faire une interminable partie de football en intégrant les trois filles que nous sommes (qui interrompent de temps en temps le jeu pour cueillir des fleurs), ou bien d'inventer un nouveau jeu, même si le très classique « Dis-moi que je suis gros si tu l'oses ? » a toujours un grand succès. Disons que le fait de planifier a parfois du sens, car il faut pendre en compte des rendez-vous chez le pédiatre, chez le dentiste, le temps pour faire les devoirs, rencontrer des amis, aller au catéchisme, aux matchs et aux compétitions... Mais j'apprends à être un peu plus souple, ce qui est une qualité suprême pour toute épouse et toute mère.

Tu auras bientôt toi aussi besoin de davantage de souplesse. Ce sera non seulement ton mari mais aussi tes enfants qui mettront à l'épreuve ta capacité d'accueil. Leur bien-être et leur sérénité dépendront, du moins partiellement (au secours, combien de temps encore ?), de ta capacité à absorber leur mauvaise humeur, leurs caprices, leurs fatigues, leurs mécontentements. J'ignore pourquoi, mais c'est un privilège qui nous est réservé : les enfants montrent le pire d'eux-mêmes avec nous, leur mère. D'ailleurs, avec qui d'autre te défoules-tu, sinon avec ceux qui t'aiment envers et contre tout? Avec qui laisses-tu tomber tous les masques, et laisses-tu libre cours à tout ton répertoire d'abjections, sinon avec ceux qui ne pourront jamais t'abandonner (comme ta maman ou ton amie de lycée, en l'occurrence moi-même)? « Écoute, j'ai besoin de me plaindre maintenant». Nous le savons bien toutes les deux : quand la conversation téléphonique commence ainsi, nous n'avons plus qu'à écouter, à acquiescer bruyamment, à compatir avec conviction, à admirer excessivement, et à ne surtout pas procurer de conseils intelligents. À cet instant, on ne veut surtout pas de solution, juste d'énergiques et muettes tapes sur l'épaule.

Voilà, les enfants apprennent ceci dès qu'ils n'ont que quelques minutes d'existence : nous les accueillerons toujours. La couche trop pleine, le bonbon refusé ou les devoirs ratés – selon l'âge – se traduisent invariablement par des représailles contre nous, sous forme de caprices, de bouderies, de pleurs, ou d'insultes diverses (la dernière en date, en ce qui me concerne, est « colonel fasciste »). De temps en temps, j'essaie de dire : «les enfants, maintenant, je sors acheter des cigarettes » mais même ça, personne ne le croit, probablement parce que je ne fume pas.

Si je peux me risquer à une prévision, ton mari profitera bientôt lui aussi de ta moelleuse constitution – tu ne pèses que cinquante kilos, mais tu es moelleuse dedans – pour extérioriser sa contrariété face aux enquiquinements les plus divers qui constellent l'existence humaine et qui, on ne sait pas comment, finissent toujours, d'une manière mystérieuse mais très évidente, par dépendre de toi.

Ne t'inquiète pas. Ce n'est rien, et cela passera. Essaie de l'accueillir aussi dans ces moments-là. Il ne veut pas non plus de solution, mais il a besoin que tu l'encourages, que tu lui dises apprécier ce qu'il fait. Et aussi, si je puis me permettre, d'après ce que je connais de ton mari et d'un bon échantillon de cette espèce, que tu consentes, sans trop l'embêter, au retrait dans sa caverne, tel un homme primitif. Caverne qui prend souvent l'aspect un peu plus moderne d'un écran d'ordinateur, mais en substance, cela ne change rien : le repos du guerrier.

Toi, au contraire, ne te plains pas à lui. Appelle une amie, moi ou une autre, préviens-nous qu'il ne faut pas y accorder trop d'importance et commence à ronchonner. Ne le fais jamais avec lui car l'homme (pourquoi, je ne sais pas, parles-en avec un psychiatre, un philosophe ou un expert en homologie), si tu te plains, va essayer de trouver une solution. Il va te proposer de rallonger l'horaire de la nounou, ou de prendre des vacances ensemble, alors que tu souhaitais simplement qu'il te dise « Tout va bien, tu es une femme formidable ».

Et ne commence pas, je te connais, à te demander si tu t'es trompée, s'il était vraiment celui qu'il te fallait... Le diable (dont le nom vient de *diabállô*, je divise) en a fait son métier : il veut diviser. Nous de nous-mêmes, nous de Dieu, et nous de la personne à laquelle nous avons juré fidélité.

Tu ne t'es pas trompée, lui non plus. Notre charisme est d'accueillir, quand le leur est de conduire et de soutenir.

Je ne pense pas non plus qu'il s'agisse d'une donnée culturelle (je ne sais pas... peut-être faut-il demander encore une fois à l'expert en homologie cité ci-dessus). J'ai une amie très chère qui vit en Allemagne. Un génie, un esprit exceptionnel. Je n'avais pas de nouvelles d'elle depuis un certain temps et il m'arrivait parfois d'imaginer sa vie, tout autre que la nôtre : un couple aux rôles interchangeables, lui poussant la poussette, elle participant au briefing ou faisant le planning. Un jour où je l'ai appelée pour son anniversaire, j'ai découvert qu'elle a décidé de rester à la maison pour s'occuper des enfants, reléguant aux archives son diplôme d'ingénieur électronique. En outre, nous

nous sommes mises à partager sur nos dynamiques familiales, la sienne et celle d'une majorité écrasante de ses amies teutoniques avec lesquelles elle converse durant des matinées très enviables (d'après moi) autour d'une tasse de thé ou des après-midis au parc (que j'imagine, d'ailleurs, plus ordonné que mon salon). Et à part le fait que chez elle certaines places de parking ont des bandes roses (pour les mamans) très respectées, nous n'avons pas relevé d'autres différences dignes d'intérêt.

Chère Margherita, que dire d'autre ? Je te promets que je veillerai sur toi, sur ton bonheur que tu dois construire dès maintenant, même si je t'invite à trouver des anges gardiens plus puissants que moi. Je ne te précède que de quelques années, et continue à rater toujours les mêmes choses, au risque, toujours présent, d'être mise à la casse au profit d'une jeune fille de vingt ans. En échange, tu pourras m'aider à expliquer à mes filles que l'histoire du prince qui vient te sauver nécessite quelques petites rectifications...

Ton témoin t'embrasse et vous encourage tel un supporter.

C.

*

Je n'aurais jamais pensé revenir un jour sur les prédications si ennuyeuses que nous faisait, à titre totalement gratuit, la marchande de fruits et légumes (madame *Le Bol*, de son vrai nom... ce qui aurait aussi pu être un surnom dû à sa forme physique cylindrique) du village où enfants, nous passions nos vacances, ni même sur les perles de sagesse enfilées par les petites vieilles qui prenaient le frais au bord de la route, le soir, avec ma grand-mère. À nous qui étions encore fragiles, aux prises avec les premiers maquillages et les bretelles glissant négligemment – un rien suffit... un léger haussement d'épaule – elles lançaient des regards de réprobation, et laissaient échapper des soupirs qui laissaient présager le pire pour notre avenir. L'image de la femme forte et silencieuse, évoquée dans leurs discours, capable de soutenir toute la famille comme le moyeu de la roue soutient les rayons, me semblait moins plausible que Sigourney Weaver interprétant Ripley dans *Alien* (c'était les années 1980). Je ne tenais pas debout, comment aurais-je pu soutenir quelqu'un d'autre ?

Et puis, fort heureusement, on grandit, ou du moins on essaie. Je suis désolée qu'aucune de mes deux grands-mères n'ait pu connaître mes quatre enfants, qui sont pour le moment des canailles, mais encore sans trop de points de suture. Grand-mère Gina aurait trouvé à redire de toute façon, étant donné que j'ai oublié comment on fait du crochet et que je pourrais être meilleure maîtresse de maison. « Ma mère réchauffe très bien les surgelés » a dit un jour mon fils Bernardo à l'un de ses amis, pour le convaincre de rester manger à la maison. Mais elles auraient apprécié leurs bulletins de notes, surtout ma grand-mère professeur de français, ainsi que leur *piété* : « Moi, plus tard, je veux être sainte, me dit un jour Livia, peut-être sainte Thérèse *Dalila* ».

Je pense souvent à elles, et aux femmes des générations précédentes, quand je vois des femmes en manque d'identité et donc en souffrance. Elles n'ont pas eu à chercher longtemps, elles avaient déjà un rôle attitré. Chose qui peut-être les a protégées, et qui a rendu leur quête personnelle moins fatigante. Elles ne me semblaient pas malheureuses, et si elles l'étaient, elles le gardaient pour elles. Si je leur avais parlé d'obéissance, nous nous serions comprises.

Désormais, rares sont mes amies chrétiennes avec lesquelles nous pouvons échanger librement sur notre idée du mariage. Et si je partage ces réflexions avec des amies « du monde », soit elles m'insultent, soit elles compatissent à mon sort, soit elles m'invitent à consulter rapidement un psychiatre. Mais cela, on pouvait s'y attendre. Ce qui est curieux, c'est que même parmi les chrétiennes, si tu commences à parler de soumission, elles pensent que c'est une plaisanterie. « Non, excuse-moi. Mais qu'est-ce que tu veux dire ? Tu plaisantes, n'est-ce pas ? ». Nous les chrétiens, nous ne sommes déjà pas très nombreux (on nous avait prévenus, avec l'histoire du sel et du levain), mais en plus, nous ne faisons pas beaucoup d'effort pour nous éloigner de la *vulgate* (non, pas celle de saint Jérôme !), c'est à dire de cette idéologie qui érige la liberté, l'autodétermination et le libre arbitre en valeurs suprêmes et intouchables. Parler de soumission suscite réprobation, effarement, rébellion, agacement et dégoût. Pas seulement à cause du péché originel qui nous fait avoir en horreur l'idée d'obéir à quelqu'un qui n'est pas nous-mêmes, mais aussi à cause de cette culture autarcique dans laquelle nous sommes tous immergés, chrétiens y compris. Pourtant, on nous avait dit de servir les autres et de prendre la dernière place.

Saint Paul, dans sa *Lettre aux Éphésiens,* nous explique comment servir l'autre dans le couple : « Femmes, soyez soumises à vos maris comme au Seigneur ; le mari est le chef de sa femme, comme le Christ est le chef de l'Eglise, lui qui est le sauveur de son corps. Et comme l'Église est soumise au Christ, ainsi les femmes doivent aussi être soumises à leur mari en tout ».

Même les prêtres n'osent plus le dire, craignant de se faire lapider par les femmes.

J'ai pourtant constaté, personnellement, que c'est le chemin du salut pour celles et ceux qui ont essayé. Ce n'est pas le paradis, qui, espérons-le, nous attend après, mais le salut, c'est-à-dire la paix, pour cette vie d'ici-bas, à travers une vie matrimoniale riche et satisfaisante.

Un chemin que les non-croyants pourraient aussi expérimenter. Car, comme l'explique Paul quelques lignes plus loin, voici la suite : « Et vous, maris, aimez vos épouses, comme le Christ a aimé l'Eglise et il s'est livré pour elle [...]. Ainsi les maris aussi doivent aimer leur épouse comme leur propre corps, car qui aime son épouse s'aime lui-même. [...] Pour cela, l'homme quittera son père et sa mère, s'unira à sa femme et les deux ne formeront qu'une seule chair ».

Il est peut-être vrai que toutes les familles heureuses se ressemblent (qui pourrait contredire Tolstoï ?), mais parmi les familles malheureuses, je ne vois guère de fantaisie non plus : infidélités, bras de fer, subtiles épreuves de force, évaluation des actions menées sur le terrain (« C'est moi qui en ai fait plus », « Non, c'est moi », « On va demander à un juge de ligne »).

Comme d'habitude, la seule parole vraiment nouvelle sur le sujet vient de Dieu. Quand nous parlons de soumission – à voix basse pour éviter le lynchage –, nous devons sortir du langage mondain, qui lit tout dans l'idée de la domination et du pouvoir. Notre Roi est sur la croix, mais c'est ainsi qu'il a vaincu le seul ennemi invincible : la mort. Nous devons, nous aussi, sortir de la logique du pouvoir et la renverser complètement. Avant tout, la soumission ne découle pas d'un auto-dénigrement ; elle n'est pas choisie parce qu'on pense n'avoir aucune valeur. Ensuite, le fruit du choix de la femme, c'est que l'homme est prêt à mourir pour elle.

Quand saint Paul dit aux femmes d'accepter d'être au-dessous, il ne pense pas du tout qu'elles sont inférieures. Au contraire, c'est au christianisme que l'on doit la première grande mise en valeur des femmes. Pour commencer, la créature la plus grande, Marie, est une femme. Et Jésus honorait les femmes, d'une manière qui semblait même parfois scandaleuse. Ressuscité, c'est aux femmes qu'il est apparu en premier (qui sait, vu que c'était dimanche, peut-être que les hommes étaient allés au stade). « En fait, saint Pierre avant l'Esprit Saint était un bon à rien », résuma un jour mon fils avec cette image un peu colorée mais somme toute théologiquement correcte.

La soumission dont parle saint Paul est un cadeau.

Comme tout cadeau, il est offert librement, car sinon, c'est une taxe. C'est un don de soi spontané, fait par amour : je renonce à mon égoïsme pour toi. Et si nous voulons vraiment parler en termes de grandeur ou de petitesse, de force ou de faiblesse, ou même de pouvoir, il vaut mieux se souvenir que « celui qui veut être grand parmi vous se fera votre serviteur ». À cela on mesure la grandeur d'une personne.

« Que celui qui a le plus d'intelligence l'utilise » nous disait ma mère quand nous étions petits, espérant éveiller de bons sentiments chez ses trois enfants en train de se taper dessus pour des raisons tout à fait valables telles que le choix de la chaîne de télévision, ou la conquête de la bicyclette. Pour la petite histoire, la suggestion ne fonctionne jamais.

La femme ne doit pas se sentir diminuée par cet appel de saint Paul, bien au contraire.

Le problème est que, pendant des siècles et dans beaucoup de cultures, nous avons été « mises au-dessous » et dominées, non pas dans l'idée du don libre et spontané de soi, mais dans la logique du pouvoir et de la force, qui est celle du monde. Et donc parler d'obéissance heurte des nerfs encore à vif. En ce sens, le féminisme a eu le mérite de promouvoir un idéal de justice, alors qu'il y en avait bien peu (et dans beaucoup de cultures non chrétiennes, il y en a toujours très peu). Toutefois, il a apporté des réponses erronées et engendre beaucoup de situations malheureuses : un nouvel esclavage pour des femmes qui pensent être libres et qui ont peut-être manqué leur cible.

« Ton instinct te portera vers ton mari et il te dominera » dit la Genèse. Une pépite est cachée là. C'est un chemin de bonheur, déjà ici, sur cette terre.

La femme obéit parce qu'elle sait écouter, non parce qu'elle se déprécie. La personne humble est une personne qui sait qui elle est, quelles sont ses richesses et ses faiblesses. Cela étant dit, une chose est de le savoir, une autre est de se l'entendre dire. C'est pourquoi, les amis, je saisis ici l'occasion de vous inviter à ne pas trop parler autour de vous de la répétitivité désolante de mes menus. Dans le même ordre d'idée, il ne me semble pas strictement nécessaire de m'appeler à voix haute et en public Madame Grosventre.

Quoi qu'il en soit, lorsqu'une femme se met au-dessous, ce n'est pas pour être écrasée, mais pour soutenir : elle indique ainsi la route à l'homme et à toute la famille. La femme précède l'homme, lequel a besoin d'être accueilli.

Avec une femme comme cela, loyale et non pas rivale, qui ne veut pas prendre le contrôle de la situation ni dominer, mais qui ne fait pas non plus la potiche, l'homme peut être fécond. Et c'est ainsi que la simple idée d'avoir un enfant ne semble plus effrayante.

Aimer les premières mais aussi les dernières. Il nous incombe également de continuer à aimer et de garder le feu allumé à la maison. Une fidélité qui peut devenir indispensable dans les moments où l'amour – qui n'est pas seulement un sentiment, mais avant tout un commandement – requiert une décision forte et assumée.

Il faut une grande volonté, par exemple, pour ne pas tromper son mari quand on a été trompée.

(Nota Bene : la lecture de ce qui suit est absolument interdite à mon mari, et les nobles paroles qui suivent s'appliquent à tous les mariages sauf au mien). Même une femme trompée a la possibilité de défendre son amour en danger de mort : elle peut rester fidèle et continuer à aimer. C'est une terrible tempête, mais ce n'est pas un naufrage. C'est un vase qui se brise, mais qui pourra tenir jusqu'au bout, malgré les pièces recollées. Peut-être que ce sera justement le point blessé et réparé qui sera ensuite le plus résistant, le point d'un nouveau « départ ». C'est pourquoi, nous, les femmes, nous défendons la vie, car nous lui donnons toute sa grandeur quand justement tout semble perdu.

Pardonner ne veut pas dire oublier ce qui est arrivé. Ce n'est pas faire fi de la douleur. Ce n'est pas lui dénier son importance, car en fin de compte, le bien et le mal seraient relatifs. Ce n'est pas de l'indifférence. C'est décider d'enrayer le désordre et de faire triompher le bien.

Les femmes qui y parviennent sont les plus fortes, les plus tenaces, les plus enclines à aimer. Elles ont les épaules larges, elles sont capables de faire le miracle qu'il faut pour dépasser une infidélité, soigner la blessure et rechercher à nouveau l'unité.

On ne peut pas dire la même chose de l'homme, car l'homme et la femme aiment différemment. La femme aime d'un amour particulier, capable de saisir l'originalité. L'homme peut être fragile et pas toujours susceptible de saisir la différence entre sa femme et les autres.

Dans les situations les plus douloureuses, les plus inextricables et désespérées, seules les femmes peuvent donner de l'espérance et rester solides, pour redonner du courage à tous. Mais avant même d'arriver à la véritable infidélité, celle qui a été consommée et qui met en péril la relation, il y a de nombreuses petites infidélités possibles.

Il y a inévitablement une phase au cours de laquelle l'habitude enlève un peu de vernis. Même l'épouse de Robert Redford, non pas le rugueux directeur du festival de Sundance mais la légende de *Gatsby le Magnifique*, quand elle le voit déambuler dans la maison en caleçon et chaussettes dépareillées, accroché à la télécommande devant une partie des Lakers, aurait probablement la tentation de textoter avec le jeune et fringant marchand de fruits de West Hollywood.

Dans ces cas-là, l'amour fonctionne si on a pris la décision de l'amour exclusif et définitif, si on ne suit pas ses émotions, ses propres besoins ou son instinct, ni son désir d'éprouver de nouvelles sensations.

Une très grande partie des films et des livres contemporains sont bien tristes. Ils sont une complainte sur le rien, une ennuyeuse tautologie, une démonstration selon laquelle en obéissant à son égoïsme, on va mal, on est inquiet et jamais rassasié : tous des grains de blé qui ne veulent pas tomber en terre, des célébrations du « je n'y arrive pas », « je ne le sens pas ». Karol Wojtyla disait au couple d'amis avec lequel il faisait du camping l'été : « Ne dites pas : *Je t'aime,* mais *Je participe avec toi à l'amour de Dieu* ». Une tout autre musique.

The Big Lebowski qui est en lui

Chère Agnese,

Heureusement que tu es des nôtres, cela fait de toi une personne normale !

« Ah, on doit probablement avoir raté quelque chose… » C'est ce qu'on se disait quand on assistait à vos aventures, depuis nos vies ordinaires tissées de misérables problèmes de rien du tout… du genre le plombier qui repart avec sa camionnette en te laissant avec les toilettes cassées (« Je reviens demain, c'est cassé, Ma'm ». « Merci, mais ça, je pouvais me le dire toute seule, et gratuitement »), les varicelles des enfants à effet domino, le fils qui, avec une précision de tireur d'élite de la CIA, sait toujours trouver le moment opportun pour dire la chose qui vous énerve le plus (« Maman, d'après moi, comme tu es journaliste, tu parles de choses que tu ne connais pas »).

Nous donc, globalement heureux, mais fatigués, parfois préoccupés, souvent les vêtements froissés. Vous, non. Un couple parfait, éthéré, jamais effleuré par les accidents qui, ici-bas, dans la vie réelle, font avancer parfois péniblement, avec peu de distinction, à coups de deux pas en avant et un pas en arrière. Dans votre monde, en revanche, on ne perdait pas son élégance distinguée et imperturbable pour des bagatelles comme l'achat d'une maison pour lequel il manque toujours un timbre le jour de la signature de l'acte notarié, ou bien des embouteillages qui vous mettent en retard quand le nouveau chef arrive. Vous étiez capables de passer des heures interminables assis l'un auprès de l'autre : en silence, ou en conversations politiques, théologiques ou littéraires, ou encore en jouant à ton jeu préféré, le casting, qui consiste à assigner aux personnes que tu connais le rôle de personnage de romans.

D'ailleurs, j'ai décidé d'accepter le rôle de l'*Idiot* que tu m'as attribué pendant nos vacances après le baccalauréat, quand nous avions dix-huit ans. *Tu es une idiote, mais au sens noble du terme*, me disais-tu pour plaisanter. Je suis donc la muse de Dostoïevski ! Quoi qu'il en soit, vingt ans plus tard, j'ai pris quelques renseignements sur le monde, et je me suis légèrement adaptée, voulais-je préciser.

Cela nous semblait incroyable de vous voir discuter tous les deux. Tout au plus, un peu d'énervement, toujours sur de très nobles sujets, par exemple la réforme liturgique qui a suivi le concile Vatican II, alors que les couples normaux s'écharpent sur la manière de charger le lave-vaisselle (et de toutes façons, c'est moi qui le fais le mieux). Vous non. Supérieurs à la populace, et très amoureux.

C'est vrai qu'en ces temps-là, la situation la plus ardue que vous pouviez avoir à affronter était la destination de la soirée : manger au resto, ou aller voir une de ces comédies que toi tu adores et que Pietro, lui, déteste. Certes, ce sont des problèmes.

Puis, le premier enfant est arrivé et vous avez très bien tenu. Un remaniement ministériel, mais pas de réélection. Maintenant, l'arrivée du deuxième en deux ans, en même temps que ton embauche, désirée mais arrivée au moment le moins opportun – avec un nouveau-né et un enfant de deux ans à la maison – t'ont fait redescendre sur terre.

Maintenant, me dis-tu, il vous arrive à Pietro et toi de vous asseoir l'un à côté de l'autre, mais seulement s'il t'accompagne au travail, en admettant que la nounou péruvienne soit arrivée à temps (une très bonne nounou, mais avec une vision sud américaine de la ponctualité, et une montre qui lui sert exclusivement d'accessoire... Peut-être qu'elle a en fait une boussole ?).

Maintenant, aux analyses des évolutions politico-économiques mondiales se sont substituées de brèves communications de service : acheter trois cents grammes de viande hachée, le rendez-vous pour le vaccin est à neuf heures et demie, le certificat d'assurance est dans le tiroir.

Tu es fatiguée, et disons que, lorsque le silence

règne enfin dans la maison, ta première pensée n'est pas de rédiger des lettres d'amour à ton homme sur du papier florentin. À la limite, tu voudrais juste prendre une douche.

De son côté, ton mari, pour ne parler que de sa dernière bourde, a oublié votre anniversaire de mariage. Bon, d'après moi, tu peux lui pardonner : il a fait pire lorsqu'il a acheté son billet pour le concert de Tom Waits qu'il attendait tant, et qu'il a passé la soirée à somnoler sur le canapé pendant que le chanteur captivait le public (il s'est trompé de jour !).

Maintenant, je l'ai vu à la manière que tu as de te tirer les cheveux autour du front (geste nerveux par excellence que je reconnais bien depuis les épreuves de physique que tu avais passées sans avoir révisé), tu es énervée par le manque de coopération de Pietro et par sa capacité presque surnaturelle de renverser tout ce qui se présente sur son chemin. Par son incompétence pour tout contact humain qui suppose une quelconque conversation. Par sa propension à l'assistance ménagère fluctuante, qui le fait passer d'un niveau basique d'inactivité somnolente à des pics d'enthousiasme créatif (ranger les CD par genre musical) alors qu'il ne fait jamais ce dont tu as vraiment besoin (préparer la soupe).

La poussée qui avait mis votre satellite en orbite est épuisée, même si elle a duré un peu plus longtemps que la moyenne. Elle a fait son travail, mais devait s'achever, sinon vous seriez sortis de l'orbite. « *The best is yet to come* » comme dirait Frank Sinatra. Tu penses avoir senti le soleil, mais en réalité, tu ne l'as pas encore vu briller.

C'est maintenant que le meilleur arrive. Jusqu'à présent, vous n'avez vécu que les étincelles de l'amour à ses débuts. À présent, tu vas pouvoir les transformer en un soleil éclatant et pérenne. C'est inéluctable, comme la mort.

Ce travail quotidien et difficile, obscur et silencieux, mais surtout incompris, reposera comme d'habitude essentiellement sur toi, qui es l'élément le plus subtil du couple et trouve toujours un moyen de faire rejaillir l'étincelle. Le nom donné à ce travail est l'obéissance. Obéissance à la promesse que tu as faite, à l'homme que tu as choisi. Une soumission innovante : lui obéir mais avec créativité, en cherchant à regarder avec les yeux de l'espérance vers quelle direction votre amour peut aller. Quels sont les coins qui peuvent être émoussés, quelles sont les erreurs qui peuvent être corrigées, et quels sont les défauts qui peuvent être conservés (cela demande pas mal d'humour et de détachement !).

Espérance car vient un moment où le seul regard possible est le regard posé à travers cette vertu théologale. En ce qui me concerne, par exemple, j'espère avec une confiance granitique que mon mari deviendra un jour sociable et affable, qu'il me permettra d'inviter à la maison au moins un quart des personnes que je voudrais inviter, et qu'il les accueillera comme Cary Grant, en faisant des remarques brillantes et élégantes, un verre de cocktail à la main. Un mari de cette sorte n'existe pas, c'est clair. N'existent pas non plus ceux qui attendent patiemment à la sortie de la cabine d'essayage, et qui donnent des conseils du type : « Les couleurs claires ne mettent pas ton visage en valeur, ma chérie ». Et quand bien même il existerait, il est évident que ce type de mari te raccompagne à la maison pour aller ensuite chez une Moldave de vingt-trois ans. Il vaut mieux garder le sien, avec ses défauts, quand on commence à les voir. Je n'ai pas encore rencontré un seul couple pour lequel ce moment ne soit pas arrivé. Sauf votre couple, et, sincèrement, cela m'ennuyait un peu.

Sache que vous n'êtes pas seuls. Vous l'étiez en revanche davantage auparavant. Cette fatigue fait partie du package, même si on ne le dit pas assez au moment de l'achat. Peut-être que c'est une clause écrite en caractères minuscules, ou dans le langage incompréhensible des banques : l'indexation du taux de séduction du conjoint avec lequel vous établissez ce lien dont on calcule ci-dessus la retenue fiscale, avec la moyenne trimestrielle et la baisse de 1,020%

par an, en référence à la durée de l'année civile (division 365/366) etc. À la fin de l'année, si tu n'y prêtes pas attention, on ne sait pas pourquoi, le total est toujours un peu dans le rouge. C'est un secret qu'il ne faut pas révéler, pour ne pas perdre de clients. Ils sont tous complices, même les auteurs de contes. Tu ne t'es jamais demandée pourquoi les histoires finissent toujours par « et ils vécurent heureux » ? Après que le prince a passé le seuil de la porte avec la princesse dans les bras, que fait-il ? Il enlève sa veste fourrée en hermine et ses bottes, pour se vautrer sur le canapé ! Je n'ai en tête qu'une seule histoire qui continue au-delà du jour du mariage, c'est celle de Shrek. Mais ce n'est pas un hasard s'ils sont tous les deux des ogres : ils peuvent ainsi se confier toutes leurs bassesses, leurs mesquineries et leurs fonctionnements physiologiques les plus répugnants. Une vie quotidienne princière n'est pas crédible.

Les comédies n'ont rien inventé non plus. D'Aristophane à maintenant, depuis quelques milliers d'années : situation initiale apparemment tranquille, apparition de la nouveauté puis empêchement, équivoque ou égarement, et dénouement. Quand les choses commencent à filer doux, la comédie s'achève. Une vie quotidienne passionnante ne semble pas réaliste.

Et pourtant c'est possible. Il y a un secret, que le

monde ne connaît pas, pour transformer ce quotidien fait parfois d'ennui, d'habitudes, d'incompréhensions et d'enquiquinements, en un chemin lumineux (mais si je deviens très riche, avant de donner aux pauvres, et de passer par le chas de l'aiguille, je veux un chauffeur, pour que tout en me démenant entre le travail, la messe, l'athlétisme, les cours de danse, le catéchisme et les matchs de football, je puisse me faire les sourcils, vu qu'après trois jours de distraction, je ressemble déjà à Brejnev).

Le secret s'appelle sacrifice. La fatigue n'est plus un obstacle, mais l'autre nom de l'amour ; ce n'est plus quelque chose qui frustre l'amour mais qui le fait grandir. Dans la fatigue, l'amour ne se consume pas, il croît.

Et ne me dis pas qu'il faut être deux pour commencer : je ne m'attendais pas à cela de ta part. Tu dois vraiment être fatiguée, «*arrivata*» comme on dit à Rome. Car tu le sais, c'est l'amour qui induit l'amour. Il n'y a pas d'autre moyen de provoquer l'amour, que de se donner sans compter. Sinon, ce n'est pas de l'amour, mais un contrat. En ce cas, prends un collaborateur domestique.

Tu me dis pudiquement que tu as parfois quelques doutes. Je traduis ça, étant donné que je ne crains rien, par « Est-ce que j'ai tout raté ? ». Tu te demandes si tu n'as pas choisi ton mari dans un moment de fragilité, si tu le connaissais assez. Ou bien si c'est toi qui as changé.

Au loin ces pensées diaboliques. Moi qui vous vois de l'extérieur je te dis que c'est lui *Mister Right*. Sans aucun doute. Et je te dis aussi que ces doutes font partie du lot conjugal.

J'ai soutiré des confidences à des personnes qui ont des vies de couple exemplaires ; des couples pour lesquels nous pourrions ériger un monument, ceux qui dans ton musée intérieur se trouvent dans la vitrine près du salon rouge, avec le tissu damassé et le cordon autour des rideaux.

Ma tante Lucia a été mariée avec mon oncle pendant un demi-siècle (tu t'imagines? On lui donnerait à peine cinquante ans). On les voyait toujours ensemble, toujours heureux et très unis. Il est mort récemment. « N'as-tu jamais eu quelques doutes? » lui ai-je demandé un jour où nous parlions de lui. « Je te dis seulement, m'a-t-elle répondu, que quand tu vois une petite famille heureuse de l'extérieur, avec tous les enfants assis autour de la table, bien gentils et obéissants, papa et maman qui sourient, sache qu'ils ont certainement mis un rideau sur la fenêtre. Ce sont des formes en carton, avec une musique d'ambiance et des rires enregistrés. Derrière tout ça, il y a sûrement quelqu'un qui s'empêche de parler pour maintenir la paix. Mais même derrière le rideau de la *Happy family,* on peut vraiment s'aimer. »

Sous l'influence du quotidien, de la fatigue, des ennuis en tous genres, des fardeaux à porter, il n'y a pas un seul prince (ni une seule princesse, évidemment) qui ne se transforme en crapaud. C'est le contraire du conte de fée. Et toi qui croyais le métamorphoser par ton baiser, lui faire apparaître une couronne et un manteau d'hermine ! Maintenant, il faut passer à la vitesse supérieure dans votre histoire. C'est la seule chose à faire. À moins que tu ne te mettes à cultiver des souvenirs, dans lesquels les hommes du passé sont tous enveloppés d'une auréole.

Ne me dis pas que tu repenses encore à ce médecin que tu as connu pendant ton doctorat à Boston. Je pense que tu t'es complètement monté la tête : vous avez pris grosso modo trois cafés ensemble, et même si tu mets une heure pour terminer cette sale mixture de Starbucks – l'*Iced frappuccino giant size cinnamon flavor* – cela me semble insuffisant pour que tu lui restes attachée comme une moule à son rocher, et que tu continues à rêver de lui pendant dix ans. Tu peux laisser libre cours à ton imagination, t'inventer des histoires avec des personnes que tu ne connais pas vraiment et que tu peux donc te représenter comme bon te semble.

Il y a aussi ceux, mais c'est plutôt l'expédient adopté par les hommes, qui commencent à se jeter à corps perdu dans le travail en dehors de la maison, pour ne pas avoir à travailler sur une relation qui ne fonctionne pas, comme s'il pouvait exister des liens qui n'ont pas besoin d'être entretenus.

En revanche, nous les femmes, nous risquons de fuir notre mari en nous dédiant corps et âme à nos enfants, et le risque est plus subtil car qui pourrait t'accuser d'être une mère trop dévouée à tes enfants ? Veiller sur ton cœur, afin qu'il ne batte pas pour d'autres hommes, est facile, mais les enfants peuvent prendre la place du mari sans même que tu ne t'en aperçoives.

Et puis, bien sûr, il y a l'infidélité. C'est une question que tu ne peux pas poser à la réunion des anciens du lycée, mais combien d'entre elles (et d'entre eux) sont arrivées au fil de ces vingt dernières années à être assez lucides pour comprendre que la monotonie et la chaussette qui traîne par terre se tiendraient en embuscade avec quiconque, même avec le séduisant dermatologue des enfants, aux épaules larges, plein de répartie et au compliment facile ? Claudia, elle, n'a pas été si lucide, et tu vois comment elle est maintenant.

Et comment expliques-tu qu'une personne puisse accepter la laideur des rencontres clandestines, la tristesse infinie de devoir revenir à la maison auprès de ses enfants, chair de la chair et sang du sang de deux personnes, et d'être incapable de les regarder dans les yeux par peur de leur révéler que la raison pour laquelle ils sont nés n'existe plus ?

On s'imagine peut-être que l'on va pouvoir contrôler la situation, et en effet jusqu'à un certain point, on peut encore revenir en arrière. Mais il suffit d'un instant pour dépasser ce point.

Guido, par exemple, dit toujours qu'il aurait dû se défiler après notre tout premier rendez-vous, quand nous avons parlé à table de la voiture que je devais acheter. Pour moi, une seule condition devait être remplie : que le coffre soit assez grand pour une poussette. Nous nous connaissions à peine. « J'aurais dû comprendre tout de suite, que j'allais me retrouver entouré d'enfants ». Il soutient en fait qu'il a encore le temps de me quitter. Mais il te reste peu de temps encore, mon cher, car passé le seuil des quarante ans, ce n'est pas convenable : qui va me récupérer, au bord de la décomposition et avec quatre enfants ?

Donc, Agnese, ne me parle pas de tes collègues du cabinet car je ne veux rien savoir. Ils n'existent pas. Tu ne peux pas te confier à eux si tu te disputes avec Pietro, et ne fais pas ta sainte-nitouche. Pas de petit docteur américain sur Facebook, même quand Pietro va jeter la poubelle et qu'il ressemble alors au Big Lebowski, pantalon tombant à moitié sur le derrière, ventre à l'air, chaussures enfilées en charentaises.

L'autre possibilité est d'impulser un saut qualitatif à votre relation. Recommencer à y travailler, maintenant que tout n'est plus acquis. Je dirais plutôt que tu devrais commencer à travailler sur toi-même. Dernièrement, tu as été sympathique comme une lettre des impôts. Peut-être parce que tu te nourris de branches de céleri. D'ailleurs, je dirais que tu peux encore attendre quelques mois pour te remettre en forme après deux grossesses ; tu es de toute façon hors compétition pour les sélections de miss Italie de cette année. Tu es certainement fatiguée, mais ton perfectionnisme t'empêche d'appeler à l'aide ; moi je commencerais par augmenter les horaires de la femme de ménage.

Ce sont peut-être les hormones qui ont affiné ton art, ta créativité et ta résistance de triathlète dans le sport que tu pratiques depuis longtemps avec professionnalisme et compétence : la jérémiade.

Alors pendant que tu es occupée à enlever ta propre poutre, laisse tomber l'œil de Pietro, qui d'après moi, peut garder sa petite paille. Demande-toi plutôt qui pourrait te supporter, car tu es parfois gracieuse comme une danseuse qui aurait enfilé des chaussures à crampons.

Demande-toi qui pourrait réfréner tes ardeurs, toi qui es équilibrée comme une diva hollywoodienne au début du déclin, quand elle se découvre une nouvelle ride.

Demande-toi qui pourrait supporter certaines de tes graves psychopathologies, comme celle qui te poussa à envoyer ton mari dans une douzaine de magasins de tapisseries pour trouver la parfaite nuance vert pétrole sans laquelle ta maison t'aurait semblé irrémédiablement vulgaire.

Pour dire la vérité, être ton mari, c'est parfois un sport extrême.

Alors, n'en déplaise au sage qui n'avait pas d'enfants, de mari et de travail à gérer sur des journées (et tout le problème est là) de seulement vingt-quatre heures, et qui écrivit qu'aimer ne consiste pas à se regarder dans les yeux mais à regarder ensemble dans la même direction, je dirais : essayez de vous regarder aussi dans les yeux de temps en temps.

Organise-toi : appelle les grands-parents, prends des vacances, laisse tomber la maison, sors avec Pietro, assieds-le sous un projecteur et regarde-le, d'abord pour te rappeler pourquoi tu l'as épousé.

Et puis, veille à lui donner de toi une image de séductrice. Tu sais bien que tu es belle, même si nous serons bientôt toutes deux des modèles pour des collectionneurs passionnés, tu es encore dans la course, surtout quand tu as le temps d'ouvrir le placard et que tu ne t'enfiles pas la première chose qui te tombe sous la main.

Enfin, juste avant de te proposer de donner ce soir

« une caresse à vos enfants », un dernier conseil : évitez de mener deux vies parallèles. C'est un risque quand on travaille tous les deux, et que l'on veut être présent auprès des enfants. Gardez des espaces communs, même si c'est parfois plus fatigant de faire les choses à deux que tout seul. Bien sûr, tu fais les choses plus vite quand tu les fais toi-même et à ton rythme (je ne te dis pas qu'il faut convoquer une réunion de direction à chaque fois que tu déplaces une lampe), mais il faut bien que vous partagiez quelque chose, et que vous conserviez une activité à deux : ce n'est pas aussi simple que cela en a l'air.

Comme dirait Roz, la limace dans *Monsters*, je te tiens à l'œil (mais toujours avec affection).

Ton amie,
C.

*

Il y a un prêtre, à Pérouse, auquel de nombreuses personnes doivent beaucoup. Il s'appelle Don Ignazio Zaganelli, mais pour nous, c'est Doni. Certes, il a la subtilité d'un nouveau-né de quelques heures qui ne distingue que les ombres et la lumière. Il lance de l'ambon des jugements si tranchés qu'à chaque fois qu'il pivote un peu, on se demande si une épée enflammée ne va pas surgir de sa chasuble. Moi qui suis de granit, par rapport à lui, je fais l'effet d'une guimauve ou d'une page du *Corriere della Sera* des années 1950.

Pour les élèves de catéchisme que nous étions, c'était particulièrement rassurant d'entendre ces certitudes très solides, présentées sans compromis possible. Nous buvions ses paroles avec soulagement ; avec lui, on savait toujours de quel côté se trouvait la vérité, et c'était agréable pour des enfants de la découvrir si facilement. Puis arriva l'adolescence, avec la présomption d'en savoir beaucoup, le désir d'opposition et les soupirs impatients pendant ses homélies.

Et après vint le moment où, nous, ses paroissiens, avons décidé que nous ne pouvions pas nous passer de lui. C'est ainsi qu'à force de prières, nous l'avons empêché de mourir d'une attaque cardiaque.

Au mariage de l'une de mes cousines, il a décidé d'ignorer complètement le marié et de s'adresser exclusivement à elle durant les trois quarts d'heure de son homélie. « Maintenant tout repose sur tes épaules, chère épouse. C'est en premier lieu de la femme que dépend la vie ou la mort du mariage. Sois bonne, douce, aie le cœur ouvert. Soumise, non pas dans la logique de la domination, donc de la violence et de la contrainte, mais dans celle du service, spontané et volontaire. Sois prête à prévenir les désirs et à les accueillir. »

Au fur et à mesure que Doni parlait, le sourire de la mariée s'éteignait : « Je suis tombée dans une embuscade ? » et celui du marié se figeait : « Oh oh, je suis là, vous m'avez vu ? »

Quant aux invités, c'était la course à celui qui piaffait le plus d'impatience, à l'exception de ceux qui, comme moi, profitaient de l'aubaine pour somnoler sur le banc en bois, pourtant conçu par un designer sadique (quand on a un nouveau-né atteint de coliques on peut dormir dans n'importe quelle position). « Mais il est fou » fut le commentaire le plus bienveillant entendu ensuite sur le parvis.

Certes, Doni n'est pas connu pour son sens de la mesure : il considère que les nuances sont un tracas inutile. Mais il avait raison, cette fois-là aussi.

Nous sommes à un tournant historique, où il est temps de sortir de la logique de domination, qui est une perversion du rapport homme-femme (d'après Ratzinger aussi, pas seulement selon les féministes du journalisme). Cependant, on ne peut pas remettre en question le mécanisme de domination à travers la logique d'émancipation, car elle est symétrique à la domination, c'est une sorte de vengeance. On en sort plutôt avec la logique de mansuétude.

C'est très difficile de s'aimer pour toujours ; c'est

presque impossible. Nous sommes plus douées pour broder que pour tisser et donner toute sa place à l'autre. Alors que nous devrions être les premières à faire cela.

Le même saint Paul de Tarse, celui qui nous invite à la soumission, dit qu'un jour il n'y aura plus ni homme ni femme. La mansuétude est donc la guérison d'un rapport de domination qui a marqué les deux sexes tout au long de l'histoire et qui, à la fin des temps, n'existera plus.

« Réactionnaire, intégriste, papolâtre, voix de l'oppression religieuse masculine et machiste cancérigène et polluante comme les antennes en forme de croix de Radio Vatican » (j'anticipe ici les critiques que je vais recevoir si ces lignes sont lues). Ces mots sont tirés d'une intervention au congrès intitulée « Le sujet lesbien », que j'ai lue avec intérêt, et dont l'objectif est d'inviter les femmes à une « rage furieuse et vengeresse », considérée comme la seule libération possible.

Je suis peut-être réactionnaire, mais je perçois une grande solitude parmi les femmes qui ont décidé d'arrêter d'être dans l'accueil, et également parmi les hommes opprimés par des différences qui semblent reposer sur des points contractuels.

Je suis contre la parité telle qu'elle est communément comprise. Je ne veux pas d'un mari qui soit aussi aide ménagère et nounou, avec une liste précise de tâches à accomplir et pour seul devoir celui de sourire. Quand je commence à évoquer cette vision des choses, s'il y a un homme autour de moi, il me demande en général si je n'aurais pas une amie à lui présenter. Hélas, mon taux de succès en tant que Cupidon tourne autour de un pour cent.

Si la rencontre amoureuse semble parfois procéder du miracle, un mariage indissoluble quant à lui semble être le fruit de conjonctions astrales très compliquées, du genre de celles ne se présentant que tous les trois siècles. Alors qu'en fait, c'est essentiellement une question de volonté.

La spontanéité ne peut pas être un style de vie ou un critère de jugement. Et il arrive un moment où l'émotion n'a plus grand chose à voir avec l'amour ; du moins, elle ne peut pas être primordiale.

Pourtant, elle semble dominer partout. Dans la communication, dans tous les journaux et les JT qui nous crient de ne pas activer notre cerveau. Au cinéma aussi. *Le Cercle des poètes disparus* qui fut un phénomène il y a quelques années, n'est en fin de compte qu'une exaltation de l'émotion en tant que fin en soi. Mais l'émotion est une modalité, un canal de communication, pas un contenu. Comment peut-on tout miser dessus ?

L'indissolubilité du mariage te ferme tous les autres

chemins mais t'ouvre une autoroute. Commence à essayer d'aimer aussi ses défauts. Ne les lui reproche pas, mais accueille-les. Ne te demande pas si la situation te plaît ou te déplaît, demande-toi plutôt comment la faire fonctionner, étant donné qu'elle doit avancer coûte que coûte.

Tu commenceras alors à vivre ta vie tout ordinaire (y compris les enquiquinements, les comportements agaçants, les contrariétés et les soucis) avec amour, en la transfigurant. Et quand tu commenceras à te donner, tu vas te demander où est l'escroquerie, tellement il est beau de vivre ainsi. Mais il n'y en a aucune.

Distinguer le fait de tomber amoureux de l'Amour ne veut pas dire renoncer aux sentiments : tu peux encore éprouver un coup de cœur après d'innombrables machines à laver et remboursements d'emprunts. Parfois, le sentiment et la volonté vont ensemble, de même que le renoncement à son bien-être personnel peut cohabiter avec le plaisir, contrairement à ce que la culture dominante veut nous faire croire.

Les couples qui fonctionnent bien, et dont les époux apprennent à se donner l'un à l'autre ne renoncent pas au plaisir. Ils doivent seulement prendre l'engagement de continuer à le chercher, et avoir de la patience car cela prend parfois du temps, le temps d'aller creuser au-delà des apparences et des complications de la vie. C'est une très belle fatigue, de laquelle se privent ceux qui veulent vivre de premières rencontres et d'une histoire d'amour libérée de la monotonie quotidienne : supposément une manière heureuse, libre et légère de vivre, mais ce prétendu bonheur, chez ceux qui se sont finalement libérés de cet ordinaire, je ne le vois vraiment pas. Au contraire, avoir banalisé la sexualité n'a pas fait beaucoup de bien. Sans ce sens de la limite, de l'interdit, sans la sacralité qui venait du « risque » de concevoir, sans la difficulté de conquérir quelque chose, depuis que cette chose est accessible à tous les jeunes avec une extrême facilité et sans aucun engagement, il n'est pas resté grand-chose.

Nous les femmes sommes davantage responsables que les hommes de cet état de fait. Croyant nous émanciper, nous nous sommes vendues pour un bol de soupe : nous avons adopté la manière masculine de concevoir la sexualité. Nous étions les gardiennes de la vie – plus maintenant. Nous nous sommes libérées, c'est vrai, car nous ne dépendons de personne. En contrepartie, nous risquons de perdre ce don total et réciproque que nous souhaitons, et auquel nous prétendons. Il est pourtant inscrit dans notre chair.

Et le problème est que, en échange de cette liberté, nous avons récolté la souffrance. Nous, et tout le monde autour de nous. Car si nous ne le faisons pas, qui protègera l'amour de la vie ?

En mission pour le compte de Dieu

Chère Elisabeta,

Il arrive qu'un test de grossesse positif soit aussi agréable et désiré qu'un coup de pied dans les gencives. J'en suis parfaitement consciente. Et puis tu as raison : ton fiancé qui a parfois l'air d'un garçon de douze ans, la maison, le travail et tout le reste, c'est beaucoup.

Mais ces conditions – disons non optimales – ne sont rien devant ce petit être qui vibre déjà en toi. Tu peux donner la vie. Encore mieux : tu peux donner ton accord pour que la vie vienne au monde. Mais si tu ne le veux pas, rien ne se fera.

Il y a une toute petite personne qui a besoin que tu deviennes un peu plus grande, un peu plus forte, et que tu la défendes. Que veux-tu y faire ?

As-tu peur de perdre ta vie (c'est vrai, tu peux, car tu vas la perdre) ? À partir d'aujourd'hui et pendant de nombreuses années, il faudra que tu protèges l'existence d'un autre, à toute heure du jour et de la nuit. Mais en retour, ta vie sera plus riche, plus dense et plus heureuse.

Si, à l'inverse, tes préoccupations ne sont que d'ordre pratique, je te puis te dire ceci : « Chaque enfant vient avec son balluchon ». C'est tellement vrai ! J'en suis témoin : la providence existe. Dieu prend soin de nous, surtout quand nous disons « oui » à la vie et que nous nous fions à Lui, sans faire trop de calculs et sans compter uniquement sur nous-même.

Plus tu oses, plus il te donne. Je ne te demande pas de faire comme Mère Teresa : quand elle avait besoin d'une maison pour les pauvres, elle allait devant la maison en question, déposait une petite médaille de la Vierge Marie, priait, et quelques jours plus tard on la lui donnait en cadeau. C'était une sainte de première division. Mais dans tous les cas, nous aussi, chaque fois qu'un enfant est arrivé, nous avons été surpris de voir à quel point les choses se sont finalement mises en place.

Tu trouveras des ressources – économiques, physiques, intellectuelles, spirituelles – que tu ne soupçonnais pas : tu te découvriras courageuse, audacieuse, imaginative, énergique... parfois de façon surhumaine. C'est inscrit en nous, les enfants sont l'avenir. Et même si à l'heure qu'il est, tu penses ne pas avoir l'instinct maternel, tu l'auras quand le bébé sera entre tes bras. Je sais bien que, jusqu'il y a quelques jours, tout bambin que tu voyais faire des caprices te rappelait la publicité anglaise qui interrompait la scène d'hystérie d'un nourrisson par le panneau « *Use condom* ». Mais je suis sûre que toi aussi tu répondras à cet appel à la vie, laquelle a manifestement décidé de te faire confiance.

Je ne connais aucune mère qui ait finalement regretté d'avoir gardé un enfant, alors que j'en connais plusieurs qui se repentent de ne pas l'avoir fait. Donc, n'y pense même pas. Depuis que le test est positif, tu es mère. Allez, assez d'hésitations !

Tu dois défendre ton enfant comme une tigresse, y compris contre ceux qui veulent te faire vivre ta grossesse comme une maladie, et comme quelque chose qui peut être contrôlé dans ses moindres détails. Tu n'es pas malade. Tu auras certes quelques nausées... « Veux-tu vomir mexicain ou kasher ? » me demandait mon mari, alors que nous tournions un documentaire à New York. C'est une ville dans laquelle tu peux faire cela tranquillement, même sur la Fifth Avenue car personne ne se retourne : le taxi s'arrête et repart sans faire un pli. *I'm pregnant, not drunk*... Une dame tient à sa réputation, même quand elle n'est pas au mieux de sa forme !

Il pourra y avoir d'autres désagréments, je l'admets, même s'il existe quelques folles qui ont couru un marathon ou escaladé des montagnes avec le ventre rond. Je dirais que tu ne dois pas prendre de précautions particulières, sauf celles qui sont dictées par le bon sens, comme éviter de faire du *bungee jumping* du haut de la Tour Eiffel, de t'inscrire au championnat de motocross et peut-être de faire comme moi, dont les eaux se sont rompues pendant un petit footing. Lorsque j'ai donné cette information au médecin qui m'a accueillie à l'hôpital avec son professionnalisme aseptisé (et pourtant je n'y allais pas fort, je le lui ai dit), il a perdu son sang froid, et je me suis pris une bardée d'insultes en dialecte régional. Ce n'était pas le médecin qui devait m'accoucher, car rien ne s'est passé comme prévu, mais tu le sais, tout s'est très bien fini. Rien n'est prévisible, quand on accouche. Face à un événement aussi grandiose que la vie naissante, il n'y a pas grand chose à faire, si ce n'est s'abandonner à la puissance de ce qui est en train d'arriver, comme dans le seul autre moment qui lui est comparable selon moi : la mort. Tu devras simplement ne pas lutter contre la douleur. Ce n'est pas une partie de plaisir que de faire passer un poulet par une narine, comme on dit, mais on survit, comme ont survécu des milliards et des milliards de femmes avant nous. À moins que tu ne veuilles écouter les médecins qui t'invitent à tout programmer et à tout contrôler. La voie la plus simple pour eux est de tout résoudre avec une césarienne (très à la mode en Italie), ou avec une péridurale. Dans certains cas, c'est évidement une bénédiction, mais cela ne sert souvent qu'à réaliser une prestation coûteuse (*follow the money* est aussi valable dans ce cas-là), et à te persuader que tu ne peux pas y arriver sans.

Quant à l'hyper contrôle de la grossesse, j'ai fui plusieurs médecins (l'un d'entre eux était un grand ponte catholique) qui, en toute tranquillité, ont voulu me faire passer une amniocentèse (à mes frais, cela va de soi) à l'âge de vingt-sept ans, âge auquel le risque qu'un enfant ait des malformations génétiques (car on ne découvre que cela) est bien plus bas que celui de le tuer pendant l'examen. Un autre m'a invitée à me dépêcher de faire ce test, car « ensuite c'est Noël, et s'il y a un problème avec l'enfant – c'est-à-dire s'il n'est pas sain et qu'il faut donc l'éliminer –, comment allons-nous faire ? »

La pratique est répandue ; elle est acceptée conventionnellement et elle n'est apparemment plus discutée. Il faut savoir à l'avance si un enfant a quelque chose qui ne va pas, pour pouvoir résoudre le « problème », c'est-à-dire tuer l'enfant lui-même ! Curieuse idée de la médecine et de la thérapie.

À première vue, on rencontre beaucoup moins d'enfants trisomiques qu'autrefois, et je ne sais pas si, comme je l'espère, c'est parce que c'est une malformation qui régresse, ou bien parce qu'ils sont tués avant leur naissance. Quand je vois sur la plage une petite blonde, vêtue d'un maillot de bain rose avec des princesses comme les miennes, et trisomique, je ne peux pas m'empêcher de faire un grand sourire de soulagement, de reconnaissance et d'infinie admiration pour sa courageuse, affectueuse et héroïque maman. Cette maman qui, pourtant en mesure d'être informée avant, a choisi de ne pas savoir, ou qui, pourtant consciente de la vérité, a choisi de ne pas supprimer cette enfant.

Pauvre enfant, que l'on fait, à chaque fois, jouer à la roulette russe, et qui pense, tout recroquevillé « Pourvu qu'ils me gardent, pourvu que je passe le contrôle ! » Car, maintenant, même la science la plus dure dit que ce que nous vivons avant la naissance laisse des traces en nous, tant et si bien que les mamans modernes, si leur rejeton a passé brillamment tous les examens, lui font écouter Mozart *in utero*. Ce serait mieux de lui faire entendre une voix rassurante lui disant : « Ne t'inquiète pas, quoi qu'il arrive, nous sommes tes parents et nous ferons face ensemble. »

Sache que si tu dis « oui » à la vie, moi aussi je t'accompagnerai, fourniture de layette y compris. Il se trouve que nous avons été, nous aussi, amplement pourvus, étant donné que la Providence existe. Nous sommes désormais un centre de tri ; ainsi, de temps en temps quelqu'un m'appelle pour me dire : « Tu n'aurais pas un costume de Spiderman taille 4 ans ? Des chaussures de football taille trente et un ? ».

Hier, Livia, l'air préoccupée, m'a demandé : « Mais

quand je serai grande et que ce pyjama ne m'ira plus, comment ferons-nous ? ». « Nous en achèterons un autre, trésor, ne t'inquiète pas ». Ah, tu ne peux pas savoir quelle grande stupeur l'a saisie quand elle a découvert que les vêtements, qui arrivent d'habitude à la maison par la poste, peuvent même être éventuellement achetés.

En somme, nous serons proches de toi, mais surtout le Dieu de la vie sera de ton côté. Alors, de quoi as-tu peur ?

Bons baisers pleins d'affection à toi et à ta petite créature.

C.

*

La maternité est la première vocation de la femme. Pas la seule, mais la première. C'est inscrit dans la nature, c'est inscrit dans notre corps. Pendant la grossesse, la femme est un et deux à la fois : c'est une chose bouleversante, qui, effectivement, ferait éclater la tête d'un homme. La femme, non, car elle a été conçue pour être deux sans se perdre, de la même façon qu'elle est capable d'être ici et ailleurs, de faire plusieurs choses à la fois (faculté, c'est bien connu, tout à fait étrangère à un homme). À travers la grossesse déjà, en faisant de la place à un autre dans ses entrailles, la femme se prépare à faire de la place dans sa maison et dans sa vie.

C'est une qualité qu'ont toutes les femmes, pas seulement les mères. Enfants biologiques ou pas, la femme doit pouvoir accueillir la vie. On peut être maternelle même si on choisit une autre voie : je connais beaucoup de femmes très maternelles qui n'ont pas d'enfants. Elles le sont avec leurs amis, leurs collègues, certaines dans leur travail. Elles le sont en s'occupant des enfants des autres. D'ailleurs, je connais également des mères qui sont très peu maternelles.

Celles qui refusent cette vocation à accueillir le plus petit – il peut y en avoir aussi parmi les mères biologiques – sont tristes, fâchées, jalouses, ou déçues. Elles vivent dans une forme d'aigreur, et ne sont plus dans l'unité avec elles-mêmes. Elles veulent s'affirmer, alors qu'en fait elles s'abîment. Elles se sont perdues, non pas à cause des autres (souvent cités : les hommes, le pouvoir, et le reste, accompagnés de toutes les plaintes de circonstance sur la représentation de la femme). Non, elles se sont perdues toutes seules. La maternité offre la possibilité de se dévouer complètement à quelqu'un. Les femmes qui la découvrent prennent un tournant ; elles s'épanouissent. Je ne veux pas dire que toutes les mamans sont saintes et parfaites, ni mêmes qu'elles sont toutes de bonnes mères. Il me suffit d'y penser pour m'imaginer vieille et abandonnée de tous, avec tous mes enfants en psychanalyse pour des années tentant de pallier mes nombreuses erreurs. Je vois déjà le grand, qui, de temps en temps, écrit des scénarios de films farcis d'espions éventrés et d'explosions sanglantes, parvenu à un âge mûr, présentant à Cannes un film sur une mère insupportable, possessive et obsessionnelle, surgissant toujours dans l'arrière-plan, à chaque fois qu'il essaie d'être heureux. Nous connaissons toutes les dégâts que nous sommes capables de provoquer, nous, les insupportables génitrices tentaculaires. Cependant, si tu t'y essaies avec honnêteté et humilité, en cherchant à faire de ton mieux, accueillir la vie va te métamorphoser. Cela peut t'aider à être moins égoïste.

Dire « oui » à la vie signifie dire « oui » aussi à toute une série de choses qui ne sont pas forcément très agréables, telles que le nourrisson qui s'est endormi ivre de ton lait, la tête renversée en arrière, dans le creux de ton bras, totalement et irrésistiblement abandonné à toi (alors que tu voudrais en même temps te gratter un point inaccessible dans le dos).

Cela signifie dire « oui » à la voiture pleine de vieux

jus de fruits, à des entretiens avec des maîtresses que tu appréhenderas davantage qu'un rendez-vous avec le directeur général de ta boîte, à des après-midis au cinéma à quatre pattes entre les sièges pour essayer de récupérer des bonbons de toutes les couleurs (tu ne peux pas imaginer comme ils roulent vite sous le fauteuil du voisin le plus irritable de la rangée), à d'exténuantes explications relatives à l'inopportunité de frapper son frère sur la tête avec le vaisseau spatial en fer.

Dire « oui » à la vie signifie aussi être émotionnellement instable, et avoir besoin de réconfort quand tes enfants seront de mauvaise humeur, et préfèreront t'en tenir responsable et s'en prendre à toi au moment où tu es en train de partir avec une demi-heure de retard et un bas filé (combien de fois l'excuse « Je viens juste de m'en rendre compte » peut-elle fonctionner au bureau ?). Cela signifie avoir le lointain espoir de garder un coin du bureau libre de toute invasion barbare seulement à condition de prendre un service de sécurité privée, y compris le maître-chien. Cela signifie consacrer tout le temps que les autres passent à enrichir leur bagage culturel ou à améliorer leur apparence physique, à aligner des petits soldats, à colorier des dessins ou à coller des gommettes. Mais surtout à s'inquiéter : amygdales, tables de multiplication, amitiés, semelles, manque de confiance en soi, gros mots...

Et, pourtant, nul besoin d'être parfaite pour se décider à s'ouvrir à la vie, ni pour élever des enfants correctement. On essaie, du mieux que l'on peut. Sachant qu'aucune d'entre nous n'est parfaitement équilibrée, ni exempte de petites ou de grandes névroses. Sachant aussi que l'erreur quotidienne est inévitable mais heureusement réparable. Nous cuisinerons trop de viande et pas assez de légumes, nous défendrons la maîtresse (inlassablement) même quand elle aura tort et que notre fils nous en voudra beaucoup, nous les exposerons à trop de rayons ultra violets, nous ne détacherons jamais assez bien les tee-shirts, nous ne donnerons pas la veste assez chaude ni le goûter assez nourrissant pour la sortie de classe, nous gronderons « avec des yeux remplis de feu » un enfant par erreur, nous répèterons si souvent le même discours qu'il leur deviendra aussi familier et aussi dénué de sens que le panneau écrit en allemand sur la fenêtre du train : *Nicht hinauslehnen* !

Et même si nous essayons, de toutes nos forces, de limiter les dégâts (un excellent programme de vie, d'après moi), on découvrira ensuite que nous ne nous réalisons qu'à travers nos enfants, et ceux qui le diront seront justement ceux qui ont choisi plus ou moins librement de ne pas en avoir. Il sera inutile de répondre que nous nous débrouillions plutôt bien avant, même si nous étions obligées de lire, d'aller au cinéma, de voyager et de faire du sport. Mais d'autres regretteront, après avoir découvert tardivement la merveille d'avoir un enfant, de ne pas l'avoir compris plus tôt, et j'en connais beaucoup. Ce sont celles qui ont écouté les conseils du monde : pense d'abord à toi. Réalise-toi, investis-toi dans ton travail, trouve qui tu es. Comme si l'on pouvait se trouver seul, hors d'une relation avec quelqu'un. Et puis, juste au dernier moment, elles auront un enfant et elles deviendront méconnaissables.

Je ne suis ni sociologue, ni philosophe, je ne suis rien du tout, mais il me semble que la contraception nous a mis entre les mains un pouvoir bien plus grand que nous-mêmes : le pouvoir de trahir notre nature, et de le faire avec une facilité déconcertante. Aucun courage, aucun honneur, il suffit d'un peu de sucre et cela descend... Croyant prendre les rênes en main, nous donnons en réalité à une entreprise pharmaceutique le pouvoir de contrôler notre capacité à donner la vie, mais aussi notre humeur, nos cheveux et nos appétits de toutes sortes. Tout est bouleversé dans l'illusion que la technologie, la médecine et la pharmacie peuvent nous garantir le bien-être et nous protéger des imprévus.

Laissons Dieu de côté un instant. De toutes façons, un être humain ne peut pas contrôler la nature. Nous avons entre les mains une bombe qui peut nous exploser à la figure à tout moment. Nous croyons pouvoir tout programmer, mais comment peut-on déterminer à l'avance quelque chose que l'on ne connaît pas? Cela pourrait avoir un sens si nous n'avions rien à apprendre de la vie. Si l'existence était un voyage dans lequel nous regarderions par la fenêtre comme des touristes, pour voir ce qui nous plaît, et prendre ou laisser selon nos envies. Mais non. Nous sommes en réalité comme des nains avec des échasses, qui tentons d'atteindre, mais en vain, la fenêtre, en essayant de comprendre quelque chose à ce mystère de la vie. Nous sommes de pauvres gens qui cherchons notre voie – morceaux de terre en marche. Comment imaginer nous autodéterminer? Nous sommes impénétrables à nous-même, complexes et jamais complètement réductibles à des schémas.

Nous sommes un mystère : je ne m'explique pas une série de petites folies inavouables, de côtés sombres ou de contradictions, que je perçois chez les autres et que je ne vois pas en moi-même (mais je sais bien que c'est justement parce que je ne les vois pas qu'ils y sont).

Sans parler de ma mémoire sélective – il n'y a pas moyen d'y faire entrer une date d'armistice pour plus de trois ou quatre heures, alors que la trame du plus quelconque des petits romans d'amour laissera en moi des traces indélébiles –, ou de la structure mentale d'un homme, qui se souvient, lui, des dates essentielles de la première guerre mondiale, mais jamais du jour d'un conseil de classe.

Il y a beaucoup de mystères que l'on ne peut qu'accueillir. Ce n'est pas nous qui avons écrit les règles de la vie : nous les avons trouvées, et, que nous les acceptions ou non, elles sont là. Certaines sont absurdes, certes, comme le fait que ton chef a du mal à orthographier son propre nom, ou encore qu'il y ait à Rome deux séries de feux de signalisation aux croisements, l'une indiquant rouge ou vert, l'autre située vingt mètres plus loin pour ceux qui ne se sont pas arrêtés au bon endroit (pourquoi la ville ne peut-elle pas engager des équipes de *snipers* pour éliminer physiquement ceux qui dépassent la ligne blanche? Je pense que ça aussi fait partie du mystère de la vie).

Accepter les règles signifie adhérer à la réalité (je dois accepter que, d'après l'Évangile, ce n'est pas opportun, ni même, à bien y regarder, souhaitable, d'éliminer physiquement ceux qui ne respectent pas les feux rouges), et se confronter à la vérité des choses. Cela te fait sortir de toi-même, de l'égoïsme, de la névrose et des idiosyncrasies.

Je suis entourée de personnes mécontentes, déçues, désenchantées, fatiguées, ennuyées, en colère, aigries, jalouses, envieuses, pleines de faux besoins... Il nous arrive à tous d'être ainsi.

La joie témoigne du fait que tu as commencé à vivre sans prendre la mesure de tout ce que tu es. Cela t'ouvre des horizons inimaginables. Tu commences à vivre, et en vivant, tu comprends. Car certaines choses ne se comprennent pas seulement avec la tête, mais aussi avec les mains, les jambes, les oreilles.

Trahir sa propre nature en refusant la maternité quand celle-ci nous embarrasse, c'est avant tout se trahir soi-même. Ne parlons même pas de cet enfant innocent, dont on ne tient évidemment pas compte. Et de l'escroquerie que cela représente pour la femme. J'ai parlé pendant d'interminables heures avec des amies qui considèrent que l'avortement est un droit. Je n'en veux pas aux gens qui se trompent, mais à ceux qui appellent cette erreur une « conquête », car les mots sont le véhicule de la vérité. Malheureusement je ne suis jamais parvenue à faire passer ce concept fondamental : l'avortement est avant tout l'extrême trahison de soi. C'est pourquoi ses opposants ne veulent pas seulement défendre les enfants, mais aussi protéger les femmes de la souffrance. Ma capacité dialectique n'est manifestement pas terrible, et je souffre du *syndrome de l'esprit d'escalier* (les meilleures réponses me viennent toujours quand je suis dans l'escalier en train de partir). Peut-être que je m'enflamme trop, peut-être aussi que pour celles qui ont vécu cette tragédie, comme il est trop douloureux d'admettre qu'elles ont fait une erreur, mieux vaut oublier.

Il peut arriver que l'on se trompe, mais de là à se battre pour que cette souffrance devienne un droit... Pourquoi lutter pour permettre aux femmes de faire une chose qui va plus tard devenir un fardeau, avec lequel il leur sera ensuite très douloureux de vivre ?

Par la suite, la seule voie restante pour déposer ce poids est d'admettre que l'on a fait une erreur, et de remettre en question une partie de notre vie. Ce grand travail sur soi peut cependant ouvrir des horizons de liberté authentique.

Peut-être que nos arrière-grands-mères ne se posaient même pas la question d'accepter ou non de donner la vie (pilule inexistante, avortement beaucoup plus difficile), la famille étant le seul accomplissement possible, bien que parfois vécue comme une prison. Ne regrettons donc pas ces temps où l'on vivait sans se poser de question, la tête baissée à pédaler. Nous, nous avons la possibilité de choisir un chemin sans aucune frustration, non parce qu'il est obligatoire, ou le seul envisageable, mais parce que même avec des études et le monde devant nous, nous avons compris que la vie ne vaut la peine d'être vécue que si l'on est responsable d'autrui.

En acceptant cela, nous pouvons sortir de notre logique asphyxiante. Et chaque fois que nous nous laissons déranger par les sollicitations de la vie, nous faisons un beau pas en avant. Quand tu apprends à être à ta place, pas seulement pour encaisser, mais aussi pour aimer les petits soucis de la vie, non parce que tu aimes souffrir (qui aime cela ?), mais parce que cette fatigue, tu le sais, décharge quelqu'un d'autre (ton mari, tes enfants, celui à qui tu décides de donner un coup de main), alors là, tu vas un peu plus loin. Mes fils diraient – dans le langage des jeux vidéo – que tu deviens un maître shaolin du quarante-deuxième niveau...

J'ai vu de nombreuses personnes se métamorphoser à travers cette acceptation, et commencer à donner la vie. Pas seulement des mamans et des papas, bien sûr. En décidant de te donner, tu ne décides plus quand être de mauvaise humeur et quand passer une journée avachie et sans but. Tu ne décides pas quand tu vas lire ou téléphoner. Et j'ai vu de nombreuses femmes inquiètes qui ont trouvé la paix dans cette perte de soi. Non pas de pauvres frustrées aux vies déprimantes et vides, mais des ingénieurs, des médecins, des avocats, des magistrats, des professeurs d'université. Des femmes épanouies et heureuses qui, à un moment donné, à un tournant, sont passées de l'autre côté, et ont commencé à servir. Elles ont renoncé à être brillantes en tout, à avoir les mains soignées et les chaussures assorties au sac à main, la peau gommée et des conversations sur la mode ; elles ont commencé à s'occuper de quelqu'un d'autre. Non pas parce qu'elles n'aimaient plus les chaussures assorties au sac ni les manucures, mais parce qu'elles leur ont préféré le bonheur de quelqu'un d'autre.

En échange, que reçoit-on ? Des baisers, des mâchouillements, des vêtements froissés, des caresses et des petites mains partout, des regards emplis d'adoration, des déclarations d'amour, des demandes en mariage – indifférenciées, de la part des filles et des garçons – de prestigieux travaux de l'école maternelle, d'audacieuses poésies de l'école primaire (partout des petits mots aux lettres hésitantes : « maman je t'aime », « papa est beau »), une écoute inconditionnelle et non sélective (si c'est maman qui le dit, alors... ou mieux, si c'est l'autorité suprême... papa !), et puis la découverte que l'on a des bisous et des pansements au pouvoir miraculeux, des bras qui consolent et éloignent les monstres, des yeux qui voient dans le noir et des paroles qui éclairent la réalité.

Que la force soit avec toi

Chère Stefania,

Je réponds à ton texto particulièrement bref : « épuisée ».

Je te comprends : avoir des enfants en bas âge entraîne une fatigue surhumaine et indescriptible. Mais ne nous étendons pas sur le sujet. Ceux qui ne sont pas passés par là s'ennuient en écoutant les mères s'auto-exalter pour leur héroïsme, et pensent que les récits des fatigues diurnes et nocturnes ne sont que pures affabulations. Celles qui connaissent cette forme d'épuisement n'ont pas besoin de se faire saigner les oreilles en écoutant les lamentations des autres.

Que pouvons-nous dire, sinon que l'on finit par se demander ce que l'on faisait avant, quand on avait une vie de célibataire plutôt distrayante ou, en tous cas, ne dépendant que de nous-mêmes, dans laquelle laver deux assiettes semblait éreintant (et il est arrivé en effet que des pépins de melon restent si longtemps dans mon évier qu'ils ont eu le temps de germer), et dans laquelle nos neurones pouvaient s'attaquer, d'un seul homme, à l'histoire intégrale de la Grèce. Maintenant, il te semble difficile de te souvenir du jour où le grand doit aller à l'école en survêtement parce qu'il a gymnastique, et tu le lui redemandes chaque semaine.

Effectivement, ton pauvre cerveau tourne en rond et doit gérer en quelques heures à peine les dernières statistiques sur la production industrielle, les charges sociales de la nounou, le matériel pour le bricolage de l'école, le déguisement de princesse, les devoirs, le tournoi de football, et aussi, parfois, se souvenir de préparer autre chose que des pâtes au beurre. Sache que le cri : « J'ai finiiii ! » jaillira des toilettes exactement au moment où tu devras les égoutter, et que tu auras deux centièmes de seconde pour te décider entre un derrière sale et des nouilles trop cuites. Sache que ton nouveau-né se réveillera avec une précision d'horloger au moment où tu auras fini de vider le lave-vaisselle, d'étendre le linge, de préparer les sandwichs (d'après toi, est-ce que le pot de confiture d'époque prénapoléonienne est encore homologué pour le goûter de l'école ?), de chercher le matériel pour les activités périscolaires (où est-ce que je peux bien trouver un papier Canson rouge à minuit et quart ?), où tu te seras enfin préparé une espèce de repas censé compenser tous ceux sautés dans la journée, en train d'ouvrir la bouche pour ta troisième bouchée. Et certaines activités qui te semblaient autrefois barbantes, comme sortir la poubelle, font maintenant figure de récréation : j'y vais, chéri ! Non, j'y vais, chérie, ne te dérange pas. C'est toujours mieux que de nettoyer les toilettes, qui, avec trois hommes à la maison, risquent fort de ressembler à celles d'une gare.

Quels conseils pourrais-je donc te donner, en ces premiers jours de vie de ton nourrisson, si ce n'est de lâcher prise ? Les ajustements viendront, la famille trouvera un nouveau style de vie, dans lequel l'enfant ne sera pas le monarque absolu. Certes, les priorités changeront : le choix des vacances (les enfants de trois ans n'apprécient guère l'architecture), les amis (les célibataires de quarante ans n'apprécient guère les enfants de trois ans), la voiture (au bout d'un certain temps, il sera surtout essentiel qu'elle puisse avancer, reculer et qu'elle ait assez de place pour les sacs à vomi, les goûters et des lingettes : tu n'as pas idée du nombre de doigts qui peuvent être salis par un seul biscuit au chocolat).

Tant que vous êtes en période de rodage, le soir, marche en t'appuyant contre les murs, au cas où tu t'endormirais d'un seul coup, et que tu tomberais à terre comme un poids mort : cela t'évitera de te cogner la tête trop fort. Car le soir, les enfants montrent le pire d'eux-mêmes : ils sont très fatigués, mais ils préféreraient mourir que d'admettre qu'ils ont sommeil. Tu auras corrigé leurs devoirs, les auras nourris (de préférence pas seulement avec des Dragibus), auras désincrusté la boue ou les traces de régurgitations de lait ou de ketchup (selon les tranches d'âge), préparé les sacs et les vêtements pour le lendemain. Puis tu les auras accompagnés doucement dans les bras de Morphée, avec une histoire, des baisers et la prière, auras su garder ton calme en opposant un « non » inflexible aux requêtes les plus créatives, alors que tu rêvais de t'offrir un quart d'heure de repos à n'importe quel prix (et peut-être de savourer un pot entier de Nutella au fond de ton lit).

Je te donne un truc : si tu vas aux toilettes et que tu conserves encore le privilège de pouvoir fermer la porte, en posant un rouleau de papier contre le mur, tu peux te faire un oreiller et dormir quelques secondes. Des années d'expérience t'apprennent à prendre un air de grande concentration et d'envolée mystique à la messe tout en dormant quelques minutes (jusqu'à une demi-heure à la messe dominicale), mais évite peut-être quand même de ronfler. Je te déconseille de le faire aux feux rouges. Cela m'est déjà arrivé et la cordialité romaine proverbiale m'a alors réveillée à coups de klaxon et de « Non mais tu l'as vue celle-là ! On vous dérange pas, Ma'm ? ».

Voici une autre échappatoire très efficace, quand la crise devient ingérable et que tu te promets qu'une fois sortie de là, tu mettras à profit ton expérience en travaillant pour Urgences Internationales : prendre une douche. Cela ne fait pas taire le nouveau-né vagissant, mais toi, après t'être bien assurée qu'il ne s'agit que d'un simple caprice, tu ne l'entends plus grâce au bruit de l'eau, surtout si tu chantes à tue-tête, avec la passion qui va avec : *Allez le stade* ou bien *Staying Alive* (qui, en cet instant, devient l'unique but de ta journée). Il est certainement très sain de revoir ses objectifs à la baisse, et c'est un signe de bon sens que de viser simplement la survie.

« Avec votre premier, c'était exactement pareil ! » m'a dit la directrice de l'école, en secouant la tête, alors que j'arrivais en sueur et toute essoufflée, et que je laissais Livia pieds nus dans le couloir parce que la cloche avait déjà sonné et que je devais aller récupérer les autres. Est-ce ma faute si, au moment où je sortais de la maison (toujours en catastrophe, imaginant mes enfants abandonnés dans la rue sous le regard réprobateur des mamans dotées d'enfants bien coiffés et aux habits immaculés), on m'a téléphoné pour me rappeler le mot à écrire concernant le cadeau des maîtresses ? Tu l'as préparé ? J'ai du mal à articuler le mot « non », surtout quand on me confie quelque chose à faire. Écrire une lettre et parcourir le trajet de la maison à l'école en courant avec un enfant dans les bras (discipline olympique) en une minute trente-cinq précises est l'un des exploits sportifs dont je suis le plus fière, bien que je puisse me vanter d'un honorable deux minutes quatorze secondes sur le huit cents mètres.

En somme, diminue tes exigences, ne te laisse pas gagner par l'inquiétude si tu vois une chaussette sortir de temps en temps de dessous le canapé, si tes jambes ne sont pas lisses comme de la soie (je te donne quinze jours maximum pour te remettre en course, mais attention, réagis avant que ton mari ne fasse les yeux doux à la charcutière du marché), si tu n'es pas tout à fait informée de ce qui se passe dans le monde (vu que tu es journaliste comme moi, de temps en temps jette peut-être un coup d'œil aux titres de la presse, juste pour t'assurer que l'Italie n'est pas entrée en guerre ou sortie de l'euro pendant que tu lavais les bodies à la main au savon de Marseille. Un conseil : à partir du troisième enfant, tout à la machine !).

Il est judicieux de diminuer tes prétentions quotidiennes, et d'être un peu tolérante envers les parties les plus indolentes et les moins fiables de ta personnalité. De toute façon, les enfants survivent quoi qu'il arrive, même si l'on enfreint légèrement les règles du sevrage : « Dis-moi, la trace marron autour de la bouche de Lavinia (neuf mois), c'est bien de la prune, n'est-ce pas ? », me demanda un jour, blême, la reine du *sanitairement correct*, à savoir ma sœur. Toi qui es courageuse, dis-le à ma sœur – mais pas à la pédiatre – que c'était un biscuit au chocolat, étant donné que le quatrième, on lui donnerait volontiers un demi de bière et un cigarillo, juste pour pouvoir préparer le dîner en paix. Dis aussi à ma sœur qu'à midi, heure à laquelle les braves mamans quittent la plage pour soustraire leur bébé aux rayons néfastes du soleil, et les nourrir avec des bons petits plats de légumes et de poissons grillés, je débarque avec les enfants et plusieurs paniers remplis de sandwichs dépourvus de toute trace de légumes, dans lesquels la chose contenant ce qui se rapproche le plus d'une vitamine est la cannette d'Orangina (qui eut certainement jadis un vague contact avec une véritable orange).

Tu deviendras aussi très tolérante sur les règles d'hygiène de la maison (jusqu'à combien de traces de crayon vert peut-on considérer que le mur est propre ?), sur la ponctualité, l'ordre dans la chambre des garçons (disons que, tant que l'on aperçoit le lit, on peut dire que l'état de la chambre est « correct »). Rassure-toi, toutes les paroles que tu as semées porteront un jour du fruit. Entretemps tu seras probablement morte, mais la récompense arrivera. Pendant un camp d'été, une catéchiste m'a félicitée au téléphone pour l'ordre qui régnait dans la chambre et le sac de mon fils. « Tu t'es trompée de numéro, Laetitia. Moi c'est Costanza, tu ne m'as pas reconnue ? ». « Oui, je sais. Tu as un fils très ordonné, félicitations. Tu as fait comment ? ». Comment j'ai fait ? Je n'en sais rien du tout ! J'ai crié tous les soirs pendant les dix dernières années de ma vie, j'ai ramassé des slips, des chaussettes, des millions de lego (nous devrions être actionnaires de l'entreprise danoise), taillé tous les soirs les mêmes crayons mordillés, remplacé les couvertures de cahiers déchirées quotidiennement par des coups de ciseaux, le tout trois cent soixante cinq jours par an, soit environ quatre mille soirs consécutifs, toujours en vain, toujours dans la certitude d'avoir engendré les créatures les plus désordonnées de leur espèce (face à l'armoire de mon mari, je me dis que ce doit être une tare génétique). Et ce bougre de fils, que fait-il ? Il va au camp d'été et devient un enfant modèle.

Pourquoi ne l'est-il donc pas aussi à la maison, là où la vision de sa chambre le soir m'inspire l'envie de lui taper la tête sur son bureau ? Et je ne peux même pas boire pour oublier, je ne bois pas d'alcool.

Si cela peut vous éviter d'aller chez le psychanalyste quand vous serez grands, les enfants, nous allons vous dire nous-mêmes pourquoi nous passons notre temps à vous gronder : parce que vous êtes des catastrophes. Merveilleux, géniaux, adorables, très gentils, mais des catastrophes. Vous perdez vos manteaux, oubliez vos devoirs, exaspérez les maîtresses, vous disputez pour des motifs inexistants, et nous obligez à examiner minutieusement des questions picrocholines qui nous épuisent par leur avarice. Quand papa se précipite dans votre chambre, au retour d'un voyage professionnel en Arabie Saoudite très fatigant, vous levez à peine la tête pour demander : « Qu'est ce que tu m'as rapporté ? » Quand nous vous emmenons voir l'exposition consacrée à Chagall, tout ce qui vous intéresse est une chips tombée par terre, ou quand on vous montre la majestueuse relève de la garde du palais Quirinal, vous la dénigrez au profit d'une glace à la cerise d'un kilo et demi. Mais nous vous aimons, même quand vous vous arrachez les cheveux pour la conquête de la « técommande » de la « tévision ».

Chère Stefania, garde toujours un regard plein d'espérance sur ces irrésistibles paquets de sottises que seront tes enfants. Surtout, ne néglige pas la prière, plus importante que jamais pendant ces étapes de ta vie. Elle est très facile à pratiquer durant l'allaitement et, si tu t'endors, c'est encore mieux, car comme disait ma grand-mère : « Ce sont les anges du ciel qui la terminent ». Abandonne ton enfant entre les mains de son Père et de sa Mère, et remets-toi aussi entre leurs mains. Si ce n'est avec cette espérance, de quelle autre manière pourrait-on raisonnablement affronter ce monde et se lancer, créature faible et désarmée, dans cette aventure ?

Deuxième et dernier conseil, avant de finir par t'ennuyer : apprends dès ces premiers jours à poser les priorités. Un exercice qui me déchire le cœur, moi qui suis – aux dires de mon mari – la reine du « je vais arriver à tout caser », du style « comme tu passes devant... », « tant que tu fais cela... », « Au cas où tu aurais une minute... ». Les femmes que nous sommes tendent à l'hyper contrôle, et comme la lutte se mène souvent sur plusieurs fronts, il est facile de perdre sa boussole. Il faut acquérir un peu d'humilité, et admettre que l'on ne peut pas tout, ou plutôt que l'on ne peut presque rien. Justement, ce temps où ta vie est bouleversée peut devenir précieux pour apprendre à choisir, ce que tu dois nécessairement faire maintenant. Saisis ce moment comme une opportunité pour apprendre à poser des priorités, en adoptant une souplesse te permettant par la suite, avec de plus en plus de facilité, de choisir non seulement entre le bien et le mal mais aussi entre deux biens. Quel est le bien le plus important ? Le plus urgent (lequel n'est d'ailleurs pas toujours le plus important) ? Lequel est nécessaire et lequel est accessoire ? Quand tu auras compris comment on fait, tu me l'expliqueras !

Apprends, toi qui en es probablement capable, à construire des cercles concentriques : la famille au centre, et avec elle, l'Évangile, qui doit être appliqué à la lettre. Attention cependant : l'enfant te semble être maintenant le chef de la maison, mais souviens-toi que le chef est en réalité son père. Consacrer du temps au papa sera une chose facile à remettre constamment à plus tard ; en effet, ce ne sera jamais aussi urgent que de changer une couche débordante. Mais veille bien à ne pas l'oublier, pour lui, pour toi mais aussi pour ton enfant, qui s'épanouit quand un couple fonctionne. Je ne parle pas de feux d'artifice, ma foi, mais d'au moins un rapide bonjour de temps en temps. Comme tu le vois, je connais bien la théorie...

Je doute que tu sois parvenue à me lire jusqu'ici sans t'endormir, mais au cas où, merci ! Il n'y a rien de plus gratifiant que de donner des conseils, même ceux qui n'ont pas été demandés.

Salutations affectueuses de la part de ton amie toujours prête à faire un sermon.

C.

*

Généralement, les mamans de notre génération arrivent un peu dépourvues au moment du bouleversement engendré par la responsabilité d'une vie totalement dépendante d'elles.

Pour la grande majorité d'entre nous, il s'agit de renoncer pour la première fois à notre liberté, à l'autodétermination qui va avec, et parfois à notre confort. Nous avons grandi dans l'illusion, et les hommes aussi d'ailleurs, que nous avions le monde à nos pieds. Que nous pouvions tout choisir, tout voir, tout savoir. Puis soudain, quand presque tout nous est imposé dans notre journée, des questions plus sérieuses se posent. Et certains (pour ne pas dire certaines) ne tiennent pas le choc. En ce qui me concerne, j'en suis sortie dévastée. J'ai perdu d'innombrables lentilles de contact, je suis allée travailler le mauvais jour, je me suis endormie partout où je m'asseyais, je me suis promenée en vêtements non repassés, j'ai progressivement diminué mes exigences envers mes rejetons (je me contente désormais de leur suggérer qu'il est plus opportun d'utiliser la fourchette pour manger que pour perforer la pupille de leur frère, qu'il est plus productif de diriger les légumes vers la bouche que de les faire tomber élégamment sous la chaise et qu'il n'est pas *fair play* d'attacher des petits camions à la queue du chat de grand-mère). J'ai également réduit petit à petit le temps dédié à mon rituel cosmétique, composé maintenant d'un brossage de dents + douche, pour un total de 3 minutes 12, et cela me désole pour toutes les rubriques beauté des magazines que je m'obstine encore à acheter.

J'ai impression que les hommes et les femmes des générations précédentes avaient bu le sens du mot sacrifice au sein de leur maman, et considéraient que l'effort était une donnée intangible. On ne se préoccupait pas de son épanouissement personnel, on ne cherchait pas à être une femme moderne et performante. On ne se demandait pas qui on voulait devenir, puisque la route était plus ou moins tracée. L'objectif était d'avoir de quoi vivre. La liste des choses à faire n'était pas aussi longue que la nôtre, et il était ainsi plus simple de faire de la place pour les besoins des autres. Et ne me regardez pas comme ça, moi qui avais apporté quantité de choses à faire quand je suis allée accoucher. Oui, dans certains hôpitaux, il y a une nursery pour les premiers jours, ce qui peut permettre miraculeusement quelques demi-heures de décompression. Une fois passé l'obstacle qui m'empêchait de voir mes pieds (à savoir le bébé), j'avais désormais la possibilité de me mettre du vernis à ongles.

Oui, je le sais, je suis hyperactive, comme la plupart de mes semblables. Mais mon mari dit qu'en réalité, le moment où je suis le plus dangereuse est quand je m'assieds, apparemment inerte, abattue par un virus par exemple. Je fixe le vide, et après un petit moment, je déclare, toute contente : « J'ai une idée ! On pourrait labourer quatre mètres de jardin, déraciner deux arbres, en planter un autre. Faire un dîner, un voyage, un enfant. » Rien n'est plus dangereux qu'un de mes moments de « calme ».

Je ne veux pas dire que celles qui avaient moins d'ambitions étaient toutes de meilleures mères, mais elles étaient plus instinctives. La maternité devait arriver à un certain moment de la vie. Nul besoin de lire des manuels, ni d'étudier la chose puisqu'à un moment donné, on savait que la vie se passait ainsi. L'objectif n'était pas, comme aujourd'hui, de se réaliser, chose qui ne passe pas nécessairement par un enfant. Résultat : entre notre égoïsme et une société profondément et sciemment hostile à la famille, nous sommes le pays au plus faible taux de natalité du monde.

Beaucoup de mamans d'aujourd'hui sont en crise. La charge est totalement démesurée : travailler, gérer les enfants et la maison, tout en gardant un corps de pin-up et en restant informée de l'actualité, en plus de tout le reste. Tout devient l'objet de plaintes, comme le sait bien mon amie Daniela, la seule qui soit autorisée à me gronder régulièrement. Autorisation dont elle usait amplement quand je l'appelais d'une voie tremblante pendant les premières maladies de mes enfants : « Mais je suis seule ! J'en ai un qui a de la fièvre, l'autre la diarrhée, le troisième qui vomit. Je suis seule, et personne ne m'aide... » Car, bien sûr, tout cela arrivait quand le papa était absent, et très absent, par exemple en Australie ou au Japon. Il fallait aller acheter du paracétamol, il pleuvait des cordes, j'avais déjà pressé les grands-parents comme des citrons. « Tu as quatre enfants, me hurlait Daniela dans les oreilles, ce n'est pas possible d'avoir un wagon de paracétamol à la maison ? Et ça veut dire quoi seule ? Qui doit penser à tes enfants, sinon toi ? ». En effet, après quelques remises en place de la sorte et beaucoup de passages aux urgences, j'ai compris que je devais me retrousser les manches et arrêter de mendier de l'aide. Certes, il est arrivé quelques fois que je sonne chez la voisine pour lui laisser un nouveau-né hurlant dans les bras, parce que je devais pourvoir à trois autres urgences à caractère scatologique. Et il est aussi arrivé que je sonne chez le voisin, un autre, un homme cette fois, parce qu'un lézard avait pris possession de ma chambre à coucher.

Avec nos enfants, nous avons perdu la manière naturelle d'être mères. Je ne suis pas capable d'en expliquer les raisons. Peut-être est-ce parce que la sagesse ne se transmet plus de génération en génération, car les mamans ou les tantes ne sont plus à la maison. Maintenant nous avons les livres et les experts : orthophonistes, psychopédagogues, médecins, consultés pour tout pseudo-problème. Il existe même des ludothèques (!), ces endroits où l'on joue pendant un certain temps, et où l'on paye, comme si jouer, pour les enfants, n'était pas simplement découvrir le monde. Il y a maintenant le fléau des animateurs de fêtes, où l'on préfère infliger aux enfants des chansons bébêtes plutôt que les laisser enfin libres de courir, faire du bruit, voire se disputer, sans l'intervention des adultes. Sans places ni routes ni cours, où apprendront-ils à se débrouiller tout seuls, à résoudre un conflit par quelque peignée mémorable, et se préparer pour ce qui les attend dehors ?

Sans oublier la cruauté des villages de vacances, avec le *baby-parking* inclus, sorte de garderie qui, d'après les parents enthousiastes et égoïstes, te permettent d'oublier tes enfants. Garage à enfants ? En ce qui me concerne, je ne veux pas oublier mes enfants, encore moins en vacances, moment familial par excellence, pendant lequel on peut enfin leur redonner du temps, de l'écoute, le goût de la lenteur ainsi que le droit à l'ennui, condition nécessaire pour se connaître soi-même, trouver des ressources créatives et consentir, par désespoir, à lire les livres que maman essaie de refiler depuis un an.

Ou bien, à l'autre extrême, loin des amateurs du baby-parking, se trouvent les parents obsessionnels, ceux qui se hérissent si le rejeton a goûté une goutte de Coca-Cola, si la courgette de sa purée n'est pas biologique, si le médicament n'est pas homéopathique, si le coton qui profane sa peau n'est pas organique. C'est la seule façon qu'ils ont d'être certains qu'à l'âge de trois ans, il pourra commencer à étudier la musique, et qu'à six, son agenda sera rempli par les cours d'anglais, d'escrime et de rugby. Tous ces efforts devront être récompensés par un enfant parfait, au minimum candidat à une médaille d'or olympique, un prix Nobel et un Oscar, et tant pis pour lui s'il ne sait pas pourquoi il est sur la terre, ni où il va.

Être parents, c'est aimer, accueillir, donner à un enfant la possibilité d'exister comme il est. Et puis lui indiquer le chemin, en lui rappelant toujours que ce n'est pas nous, mais Dieu qui le fait grandir et qui souhaite sa réussite. Cela nous soulage de toute angoisse, nous empêche de céder à la peur, nous fait recommencer autant de fois que nécessaire, et nous aide à ne pas être anéantis quand tout ce que nous avons essayé de faire semble jeté au vent.

Yes, you can

Cher Antonio,

D'après ce que je sais, la différence la plus élémentaire qui existe entre un père et une mère réside dans l'incapacité absolue de l'homme à reconnaître les lentes, les larves et les poux.

Guido, bien qu'étant un excellent père des quatre enfants dont je suis, par pure coïncidence, la mère, ne connaît absolument rien à la forme et aux modalités selon lesquelles se présentent ces sympathiques petits animaux qui ont fait le délice de mes jours et de mes nuits l'hiver dernier.

Nos enfants, fréquentant environ une centaine de camarades au total, ont placé notre famille face à une dramatique urgence parasitaire qui nous a coûté les yeux de la tête en traitements (dans la pharmacie, il y a un portrait de moi portant l'inscription « À notre bienfaitrice »), et qui a frappé par vagues successives. Ainsi, l'année passée, les poux furent plus fréquemment les protagonistes de mes cauchemars que ne le furent, pendant des années, le professeur de linguistique et l'entraîneur d'athlétisme qui m'annonçaient soit que mon devoir était mauvais, soit que j'étais inscrite, évidemment par erreur, à la finale olympique du dix mille mètres.

J'ai affronté pendant des mois ces hôtes envahissants qui, il faut que tu le saches, résistent aux hautes températures, alors qu'ils meurent facilement placés dans un congélateur. Ladite information m'aurait été fort utile si j'avais été dotée d'une chambre froide assez grande pour contenir quatre trousseaux complets de vêtements pour enfants, vestes et bonnets inclus, quatre paires de drap et housses de couette, en plus de celle du canapé.

Comme je le disais, j'ai combattu seule et à mains nues. Pendant des mois, quand je rencontrais sur le palier mon mari qui sortait, je lui demandais, pleine d'espoir et d'ingénuité : « Tu as regardé ? » « Tout va bien, sois tranquille, il n'y a rien ». Dans un sursaut de scrupule, le soir, avant de les mettre tous au lit, je passais le peigne, et je voyais une cohorte de poux qui dansaient le quadrille.

Dans les deux ou trois heures qui suivent, le protocole sanitaire numéro un est appliqué, et se prolonge jusqu'au milieu de la nuit, alors que les filles tombent de sommeil et pleurent parce qu'il leur semble impossible de dormir sans leur princesse de trois centimètres de haut (évidemment la seule sur laquelle il est impossible de mettre la main), pendant que mon grand se souvient qu'il a absolument besoin d'un compas pour son évaluation du lendemain (produit non inclus dans le menu *Pizza al volo* livré à domicile).

Au milieu de l'hystérie générale, Bernardo, lui aussi tombant de sommeil, fait une de ses scènes bien à lui (on le surnomme Monsieur Tatillon à la maison) parce qu'il se souvient ne pas avoir encore reçu pour son anniversaire le tee-shirt noir de la Roma, avec le nom de Menez (qui est, paraît-il, un joueur) dessus. Tous les enfants veulent le tee-shirt rouge de Totti, mais lui, non. Lui, le champion du monde de la pensée originale, veut toujours ce qui est introuvable.

D'après moi, voir la façon dont mes enfants ont transformé ma vie n'a pas dû t'encourager à en avoir, mais toi, Antonio, tu seras un père, et pas une mère. Tu ne dois donc pas te comparer à mon cas, pour les raisons suivantes :

- D'abord, tu me connais maintenant, je suis excessive dans tout ce que je fais. Si je lis les Pères du désert, je veux devenir une ascète, lorsque j'aime un auteur, je dois user mes yeux pendant des nuits entières jusqu'à avoir lu tout ce qu'il a publié. J'ai pris aussi la maternité très au sérieux : peut-être que je comprendrai un jour ou l'autre qu'il n'y a pas de médailles à gagner, et surtout, que ce n'est pas nous, mais un Autre qui fait grandir.
- Ensuite, je suis une femme et je reconnais les lentes, alors que toi, tu seras exempté de cette corvée. Pas parce que les poux t'ignorent – encore

que, sur ta tête, le poil commence à se raréfier – mais parce que tu es un homme. Tu auras bien d'autres tâches, et tu t'en sortiras très bien.

- Enfin, en plus de ne pas allaiter, tu n'auras pas besoin de savoir où est rangé le Doliprane (dans l'armoire à pharmacie, pour ton information) ni son dosage, tu ne connaîtras pas le nom des maîtresses (à moins qu'elles ne soient particulièrement séduisantes), ni leurs goûts en matière de fleurs, tu n'auras pas besoin de te souvenir des dizaines de noms des petits copains, ni de leurs dates d'anniversaires. Tu n'iras donc pas aux fêtes, et en conséquence, tu pourras échapper aux conversations sur la dernière sortie scolaire, de laquelle tu n'auras que vaguement entendu parler. Tu ne connaîtras pas le calendrier des vaccinations, ni des visites de contrôle chez l'orthopédiste, l'ORL ou l'ophtalmologiste. Tu ne réviseras pas la géographie de l'Europe, ni les soustractions avec une retenue. Tu n'entreras pas dans le détail des couleurs qui vont le mieux aux princesses, tu ne raconteras pas jusqu'à en perdre la voix l'histoire d'« Adam et Dave ». Tu ne chanteras pas non plus *Ne crains pas* au milieu de la nuit suite à un cauchemar.

En revanche, tu seras pour tes enfants une sorte de divinité : le seul être humain capable de résoudre les problèmes, changer des piles, trouver des solutions, dire des mots définitifs, tuer des monstres et chasser les peurs. Tu dicteras la ligne politique, et quand Chiara, aussi mollassonne que moi, refusera de répondre à mes injonctions, tu seras le seul être assez lucide pour appliquer ce sain principe éducatif de Jean Kerr : « Nous sommes plus grands qu'eux et c'est notre maison ». Principe qui, bien qu'il n'incarne pas exactement la ligne préconisée par les éducateurs à la mode, apportera la paix à la maison.

Tu seras doté en tant qu'être humain de sexe masculin d'une oreille sélective, qui ne t'obligera pas à répondre à chaque fois que l'on t'appelle.

Tu auras un sixième sens particulièrement affiné, qui te rendra, à la différence d'une mère, capable de savoir à quel moment il est nécessaire de se lever et d'aller voir ce qui se passe.

Tu sauras répondre : « Ah oui ? » avec une élégance très anglaise pour toute information qui te sera communiquée, en particulier quand tu seras en train de regarder le Milan-AC, et que la nouvelle concernera la disparition d'un doudou-mouton. Tu sauras émettre de convaincants « Ah ! » quand on te décrira une passionnante partie de Pokémons au cours de laquelle ton fils aura gagné vingt-sept cartes.

Tu sauras regarder ta progéniture avec le même air d'intérêt soutenu que lorsque tu lis le compte-rendu de la réunion de copropriété, et sans qu'il s'en aperçoivent (car ils t'adorent de toute façon), tu seras en fait en train de penser au papier écrit deux heures plus tôt et pour lequel tu viens enfin de trouver l'adjectif qui te manquait.

En tant qu'homme, c'est-à-dire constitué de compartiments étanches, tu sauras aussi lâcher prise. Tu seras capable de dire à la baby-sitter au téléphone « Maintenant j'ai l'interview de ma vie, donc ciao », alors qu'une maman, en tant que femme, gère la complexité et répond donc même une minute avant le direct, étant certaine qu'une tragédie est arrivée : quelqu'un a avalé de l'eau de Javel ou s'est mis de la colle extra forte dans les yeux...

En tant qu'homme, tu sauras résister à de déchirants appels nocturnes, pièges astucieux d'un garçon qui serait même prêt à aller voir sa vieille tante Sandrina pour éviter de dormir.

« Je ne me sens pas bien, dit-il, le petit malin.

— Ceux qui ne dorment pas ne joueront pas à la Play Station.

— Mais j'ai peur !

— De quoi ?

— De ce monstre jaune qui a grimpé par là.

— C'est un reflet de la lampe sur le rideau. »

Réponse du père, lucide et pragmatique, en admettant qu'il se soit déplacé jusqu'à la chambre.

À l'inverse, une mère commence à paniquer : mon fils est peureux, j'ai tout raté, c'est de ma faute. Je dois le rassurer, mais je vais faire comment : règle ou exception ? Minimiser ou consoler ? Hausser la voix ou faire des câlins ? Tout un psychodrame intérieur se déroule en silence, pendant que le papa est revenu, s'est gratté la tête, s'est versé un verre de jus d'orange et s'est rallongé sur le canapé.

Malheureusement pour toi, les enfants ne se vexent pas, et n'entament pas de grève du bonjour, comme je le fais quand ton inattention à mon égard dépasse les bornes, ou que ta tendance à la superposition des activités t'amène à annuler trop de cafés ensemble, justement au moment où j'aurais besoin de maltraiter quelqu'un gratuitement. Un enfant, non, car il est en caoutchouc. Tu peux lui passer le pire des savons, lui dire une chose horrible et injuste seulement pour gagner trois minutes de repos les yeux fermés et la tête appuyée quelque part, il reviendra vers toi quelques secondes après pour t'inviter à faire un puzzle (car, magnanime, il t'aura pardonné), ou te permettre d'entendre quels sont ses amis préférés (énumérés selon des notes ou répartis, et ça, oui, c'est passionnant, selon la forme de leur tête).

Tu sauras froidement appliquer des codes rouge, jaune et vert comme aux urgences pour décider quel enfant écouter en premier, quand tu reviendras du travail épuisé.

Tu sauras aussi, quand le moment est venu, donner une fessée, sûr de toi, indifférent aux doutes maternels (la fessée pourrait-elle leur faire perdre leur confiance en eux-mêmes ?), et conscient du fait que s'ils la méritent et que tu ne la leur donnes pas, c'est toi qui perdras ta confiance en toi.

Par ailleurs, comme un père sait faire la part des choses, tu sauras aussi quand c'est le moment d'abandonner ton livre (généralement, quand tu entends : « Je crois que c'est un morceau de la lampe... », c'est mieux d'y aller pour interrompre la partie de football dans le couloir).

C'est pourquoi j'ai décidé que Chiara et toi vous devez avoir des enfants. Ma décision est sans appel. Vous êtes trop bien assortis pour ne pas avoir envie de voir ce qu'un mix de vous deux pourrait donner. Je ne connais pas encore bien Chiara (je me fie à ton choix), mais ce que je peux dire de toi, qui es mon meilleur ami de l'autre espèce, à savoir un homme, c'est que tu es trop brillant, intelligent, sensible et précieux pour laisser perdre tout ce patrimoine.

Tu es de surcroît doté de l'humour le plus stupéfiant que j'aie jamais rencontré (jusqu'à maintenant... Si je rencontrais Jim Carrey, je modifierais peut-être mon classement). Tu me fais rire, même en deux syllabes, comme cette fois où tu conclus une de mes explosions furibondes au cours de laquelle j'ai certainement dit les pires méchancetés jamais prononcées par une femme. Tu compris alors prudemment qu'il était préférable de ne pas me contredire, et en cinq lettres, tu réussis une fois de plus à me faire rire aux éclats : « Voilà ». Pas un mot de plus.

Je crois plutôt que tu apprécieras la source infinie de matière première humoristique que les enfants te fourniront, quand ils revisiteront par exemple les blagues célèbres des films et des livres que tu leur proposeras, tel Bernie qui se défendait l'autre jour d'une attaque de son frère en brandissant une boule de tissu nauséabonde, et en criant : « J'ai une chaussette et je n'aurai pas peur de l'utiliser ! ». Ou bien quand ils sortiront tout nus du bain, avec pour seul accessoire des lunettes de soleil bleu céleste, en annonçant : « Ma famille a provoqué en moi de graves problèmes psychiques, je déteste le monde et je vous déteste tous ». C'était toujours Bernie, le bougre.

Tu aimeras aussi les disputes théologiques qui auront lieu dans la baignoire et que tu entendras de la cuisine : « Est-que tu as compris ce qu'a dit maman ? Quand on meurt, on va au ciel ou sous la terre ? Et pour les chevaux, ça se passe comment ? ».

Tous tes talents ne doivent pas être perdus : tu es un trop grand génie pour te contenter d'être journaliste.

Vous pourriez peut-être commencer par un enfant

(à la fois). Au début, vous serez deux contre un, vous vous en sortirez très bien. Je t'imagine parfaitement en train de ramper aux pieds de ton fils, sans une once de réserve, déguisé en indien ou en pirate, ou pis encore, en prince. Si c'est une fille, je crois que tu ne répondras plus de rien. J'ai une bonne adresse où tu pourras te procurer des collants bicolores de prince Philippe à un prix imbattable.

Les quelques doutes que je pourrais émettre concernent ton soutien pratique envers Chiara.

Personnellement, je ne te demanderais pas de faire cuire une escalope. Je n'ose même pas t'imaginer en train de changer une couche (et de fait, c'est une affaire de mamans), mais je ne te vois pas non plus charger le coffre avec une poussette pliante (c'est une affaire de papas) devant une file de voitures qui klaxonnent, un nourrisson dans les bras venant juste de vomir sur ton costume endossé tout spécialement pour la retransmission en direct du procès du siècle. C'est à ce moment-là que le directeur t'appellera pour te dire qu'il y a aussi un direct pour la première édition, c'est-à-dire deux heures plus tôt que prévu.

Cela me fait rire de t'imaginer comme ça, alors que tu as déjà du mal à t'occuper de toi-même (est-ce que tu nettoies toujours tes lentilles avec de l'huile d'olive ? Est-ce que tu as retrouvé tes clés ?). Mais après tout, ce ne sont pas des choses très importantes : laisse les voitures klaxonner pendant que tu donnes un énième coup de pied dans la poussette, et que tu observes d'un œil vitreux le mot *Pull* sur la poignée (c'est tirer ou pousser ? Tu n'arrives plus à t'en souvenir car tu es allé dormir il y a quatre heures). Quant au beau costume, qui a dit que les taches de régurgitation sur l'épaule ne faisaient pas tendance ? Comme nous tous, tu apprendras, bien que tu partes avec un plus grand handicap dans ce domaine-là. Et dis-moi la vérité : est-ce que tu m'aurais fait un tant soit peu confiance quand nous nous sommes connus à l'école de journalisme ?

Voici maintenant le plus important : tu ressembles à un énorme distributeur d'affection, d'écoute, de compréhension intelligente et d'amour, fiable et solide. Il s'agira seulement de réduire le nombre de destinataires, mais ton *core business* ne changera pas : ce sera seulement une nouvelle stratégie d'entreprise.

Nous saurons, nous qui faisons partie de ton immense cohorte d'amis (mais comment tu fais pour te souvenir de tous nos prénoms ?) nous retirer doucement, quand votre enfant prendra la place d'honneur.

Tu lui apprendras merveilleusement bien la vie, avec attention, présence et bonne volonté. Votre enfant aura beaucoup de chance, car tu partageras avec lui un patrimoine culturel et un regard sur le monde jamais banal. Si c'est un garçon, tu seras pour lui un modèle. Si c'est une fille, tu seras son fournisseur officiel d'amour, et elle apprendra à aimer à son tour et à sa façon.

Quant à Chiara, je ne me sens pas autorisée à lui donner des conseils : elle a ses amies à elle, et nous ne nous connaissons pas bien encore. Mais je prends rendez-vous pour sa prochaine visite à Rome. Je considère déjà qu'elle est, comme tu le dis, unique, spéciale, intéressante et très très douée, en plus de son appel au martyre, étant donné qu'elle accepte de vivre avec un homme inadapté aux âpres complexités de la vie telles que porter des vêtements qui vont ensemble, respecter des échéances fixées par un expert-comptable découragé, et emporter chaque jour les bonnes clés de la porte de la bonne maison.

Je suis certaine qu'elle sera assez intelligente pour ne pas faire l'erreur que font la plupart des jeunes mamans contemporaines et que j'ai, certes, faite aussi : te coller les enfants dans les bras à peine rentré du travail, comme si elle devait être dédommagée pour être restée à la maison, et comme si toi tu n'avais rien fait de ta journée.

Si tu écoutes Guido, il pourra te fournir une longue liste d'épisodes de ce genre, de tous ces soirs où j'ai attendu qu'il revienne pour me reposer un peu, au lieu de lui offrir un dîner ou un climat accueillant, en tout cas quelque chose qui puisse lui donner envie d'être avec nous plutôt que de déclarer une rage de dent, ou de revoir sa déclaration d'impôts... N'importe quoi pour ne pas entendre mes plaintes, n'importe quoi pour ne pas se faire mettre le grappin dessus par une femme pétulante qui a enfin auprès d'elle une personne âgée de plus de trois ans qui l'écoute.

J'ai mis du temps à comprendre qu'un mari n'est pas un baby-sitter, qu'avec les enfants, il a aussi son propre style et que la mère ne peut pas toujours tout contrôler ni mettre son grain de sel partout. Encore moins devant les enfants, qui ne doivent pas voir l'autorité paternelle remise en cause. Ce n'est pas bon pour eux. S'il y a quelque chose à dire, que ce soit entre vous lorsque vous êtes seuls.

D'après moi, il faut toujours garder une certaine prestance, même si on se connaît bien. Voire même un comportement presque formel, qui empêchera une maman complètement abattue d'accueillir son mari en robe de chambre et en chaussons à sept heures du soir. C'est pourquoi je n'ai pas souhaité personnellement que mon mari assiste aux accouchements, pratique pourtant très répandue, parce que j'étais certaine que je ne serais pas au mieux de ma forme et que j'aurais été ensuite peu crédible dans une position de séductrice. Mais il s'agit là d'un choix trop personnel pour le conseiller à autrui.

Ne pas tout partager, et je pense aux facettes les plus intimes de notre personnalité, est un bon principe directeur. On n'exprime pas forcément toutes nos peurs (en ce qui me concerne, je diagnostique aux membres de ma famille des maladies mortelles et fulgurantes plusieurs fois par jour), et on ne fait pas non plus état nécessairement de toutes nos mauvaises humeurs. On ne doit pas perdre toute inhibition au prétexte qu'on est bouleversé par cette nouvelle vie. Comment dit-on déjà ? Si tu ignores les crises, elles t'ignoreront.

Cette nouvelle vie ne sera d'ailleurs pas si troublante. Elle s'est déjà produite des milliards et des milliards et des milliards de fois. En général, on survit. Et, si nécessaire, on passe la seconde.

Affectueusement,
C.

*

Autrefois les pères étaient des figures absentes. Pas seulement ceux qui, de retour de la guerre, faisaient connaissance avec des petites créatures conçues peut-être quelques années auparavant (journal intime d'un ami de mes parents, qui était un tout jeune enfant en 1942, à l'arrivée de son petit frère : « Papa en Grèce, naissance de Gino ». Involontairement comique, mais vrai).

Même quand ils revenaient, c'était toujours un peu comme s'ils étaient encore à la guerre. Absents pour cause de travail, lointains, fatigués, parfois distraits. Si une épouse avait demandé à son mari de changer une couche, celui-ci l'aurait regardée comme si elle l'avait invité à aller dans le jardin pour laver la girafe.

Quand il était là, le père enquiquinait. C'est du moins ce que j'ai entendu dire, au fil des années, par les générations précédentes. Mais enquiquiner signifiait aussi incarner la règle, l'autorité, et la discipline, craintes par les enfants et imposées par les pères avec des arguments très convaincants tels qu'une paire de claques.

Écrire l'histoire de la paternité en quelques lignes serait difficile, mais en somme, à un moment donné dans le siècle passé, on a décidé que le mot « autorité » était un gros mot.

Cependant, s'il est vrai qu'élever les enfants sous le régime de la terreur, ou les induire à bien se comporter sous la menace d'un peloton d'exécution n'était pas un excellent principe pédagogique, entre cette méthode-là (dont les résultats n'ont pas toujours été très brillants) et la méthode actuelle, qui consiste à consulter les bambins démocratiquement pour toutes décisions les concernant, je choisis la première.

En réalité, le problème de cette autorité-là était d'être parfois brutale, mais certainement pas d'être trop forte. Le père s'imposait sans trop regarder qui était en face de lui, car c'était son droit, un droit qu'il n'exerçait pas toujours avec intelligence, générosité, dévouement ou attention. Maintenant, on écoute les enfants, on s'efforce de les comprendre, mais on n'a pas le courage de leur imposer une autorité ferme et assurée. Comme si on avait peur de les blesser ou de les perturber. Comme si le plus grand cadeau que l'on pouvait recevoir de nos parents n'était pas, en plus de l'amour, un chemin sûr bien que pas toujours facile à emprunter.

Je crois que le manque d'autorité, parfois le manque de *leadership*, vient du fait que la vie ne tire pas assez vers le *haut*.

Auctoritas signifie étymologiquement « augmenter », autrement dit « faire grandir ». Mais faire grandir en quoi ? Vers où ? Où est le bas, où est le haut ? Nous le savons si peu qu'il nous faudrait la même flèche que celle dessinée sur les cartons de verres (j'en sais quelque chose puisque j'en ai brisé une douzaine alors qu'ils étaient encore empaquetés parmi mes cadeaux de mariage. Ma chère tante, ne te vexe pas, au contraire, si tu veux en acheter d'autres, c'étaient ceux qui étaient en cristal rose).

Nous vivons dans des villes sans cathédrales ; nous ne levons jamais la tête ni les yeux. Comment peut-on convaincre nos enfants que Quelqu'un les regarde, si nous n'en sommes pas convaincus nous-mêmes ?

Cependant, autrefois, il n'était pas nécessaire d'avoir un fort sentiment religieux. Il suffisait de partager un patrimoine constitué de connaissances et d'orientations quasi unanimes, en un mot d'avoir un sens commun. On n'achetait pas un manuel pour tout. Maintenant, on doit expliquer comment enlever le pot sans traumatiser, apprendre à dormir sans faire de caprices, manger sans regarder la télévision. Avant, on trouvait toujours une tante qui l'avait fait une demi-douzaine de fois sans trop de tourments intérieurs, et tu n'avais pas besoin d'aller lui demander les directives du ministère. Tu l'avais vu toi-même, puisque tu vivais dans une famille plus grande et plus unie.

Ceux qui sont devenus parents après 1968 se sont vus confisquer le mode d'emploi. Panique. Est-ce qu'il faut faire comme ça ? Est-ce qu'on ne va pas le traumatiser ? Est-ce que je vais le perturber ? On navigue ainsi à vue ; les façons de faire et les rôles sont en permanence revisités. Plus rien n'est naturel. Il y a les parents tendance réactionnaires, les bobos qui pratiquent le *co-sleeping* avec leur enfant de douze ans, il y a ceux qui autorisent l'ordinateur et la télévision dans la chambre pour qu'il se débrouille tout seul. Il y a surtout une horde de parents épuisés par cette nouvelle expérience d'immersion totale. Et qui, peut-être pour cette raison, sont peu enclins à la répéter trop souvent. Ils sont seuls et désorientés.

Le parc est un bon terrain d'analyse. On commence à discuter (quelle barbe !), toujours des enfants, et on découvre des mères, surtout les plus âgées, épuisées et empêtrées dans les doutes. Ou bien, ce qui est pis encore, exaltées par leur propre efficacité, qui se manifeste à travers la série d'activités auxquelles le pauvre enfant est soumis dès l'aube. Pour la petite histoire, je ne trouve qu'une minorité de femmes normales avec lesquelles je peux parler de politique ou de cinéma (je ne supporte plus tout ce qui a trait à l'allaitement ou au moyen de localiser des biscottes biologiques).

Quant à la présence des pères au parc, je voudrais faire voter une loi qui leur en interdise l'accès avec des bébés de moins d'un an. Protégeons les hommes des pièges d'un biberon trop chaud ou trop froid, d'une couche à changer sur le banc, d'une tétine tombée (ce doit être une loi de la physique) côté pointe, et joyeusement recouverte de gravier qu'il faut amoureusement nettoyer.

Si les hommes et les femmes sont différents (et ils ne sont même pas des cousins éloignés sur le tableau des espèces), et que, pour un homme, le soin d'un nourrisson est une entreprise qui requiert un effort anormal (c'est peut-être pesant pour nous aussi, mais au fond, cela nous plaît), pourquoi le contraindre au nom d'une parité qui n'existe pas et qui n'existera jamais ?

Pourquoi les hommes n'ont-ils pas de seins (pas la peine de répondre qu'autrement, ils seraient toujours en train de les tripoter) ? Pourquoi n'accouchent-ils pas (pas la peine de répondre qu'autrement, l'humanité disparaîtrait car cela est trop douloureux) ?

La famille est une équipe dans laquelle chacun doit jouer le rôle qui lui va le mieux. Le secret d'une cohabitation harmonieuse est de comprendre les talents de chacun, et de mettre tout le monde en condition pour les utiliser à bon escient. Parfois avec un peu d'astuce : « Mon chéri, est-ce que tu ne pourrais pas, s'il te plaît, chercher des infos sur les lacs italiens pour l'exposé du grand ? » peut être une bonne manière de laisser tranquille un mari très fatigué seul devant son cher ordinateur. De son côté, mon mari, sans trop de stratagèmes, m'envoie faire un footing quand il entend que je repose les casseroles avec un peu trop de vigueur. Quand je reviens, je ne sais plus pourquoi j'étais énervée.

Voilà, quand je vois des pères aux prises avec un nouveau-né, je me demande s'ils sont vraiment heureux d'être là, ou si une épouse a fait un contre-sens sur le mot parité : la parité, c'est avoir la même dignité, pas faire les mêmes choses. Chacun selon ses talents.

Dans l'homme est inscrit le *nomos* : la loi, la règle. C'est ce que devrait incarner principalement le père. C'est une tâche importante et fatigante, car il est presque toujours plus facile de dire « oui » que de dire « non » aux demandes des enfants. Le père indique la route, conseille, aide à choisir, oriente. Le père propose des valeurs et des objectifs à atteindre. Il doit le faire dans le respect de la liberté de l'enfant, c'est ce que Giussani appelle le « risque éducatif ». Un risque qu'une mère n'a souvent pas le courage de courir, étant davantage anxieuse et angoissée.

À un moment donné, le père, sûr de sa parole, a aussi le courage de rester sur le banc, de là où l'on ne peut que regarder, et laisse son enfant mener sa vie après lui avoir donné des indications claires.

Les valeurs doivent être expliquées, le jeune doit être accompagné avec confiance et bienveillance, guidé par l'exemple, avec écoute, dans un climat de sérénité familiale. C'est une chose que les parents font à deux. Mais quand le jeune doit se lancer, c'est le père qui l'encourage, car il a été la règle.

En l'occurrence, le père doit aussi savoir être miséricordieux, comme avec le fils prodigue. Mais quelle miséricorde peut-il y avoir s'il n'y a pas de loi ? Que peut-on pardonner si on ne sait pas ce qui a été transgressé ?

Les responsables de la crise éducative actuelle sont les pères qui ne jouent plus leur rôle de père, et les mères qui ne les aident pas à faire leur travail. On ne peut pas demander à un père d'être autoritaire s'il est aussi baby-sitter.

J'ai demandé à mes enfants quelle différence il y avait entre leur père et moi : « Maman nous casse les pieds, mais ensuite elle oublie tout. Papa non. S'il dit quelque chose, c'est comme ça et pas autrement. »

Je dirais que c'est à peu près cela. Cependant, mes chers amis, je ne fais pas que leur casser les pieds. Il m'arrive de temps en temps, je ne sais plus exactement quand, d'être sympathique ! Et ne m'appelez plus Madame Fracassetout. D'ailleurs, ce n'est pas vrai non plus que j'ai la trempe d'un entraîneur d'Allemagne de l'Est (qu'en savent-ils d'abord, eux qui sont tous nés quand on vendait déjà des morceaux du mur de Berlin aux touristes de l'Allemagne réunifiée ?). Mais une chose est vraie : à la fin de la journée, j'oublie tout. Au fond, il y a de la méthode dans ma folie.

En effet, les femmes ont plus de mal que les hommes avec la norme : depuis Ève, nous avons, en plus du gène de l'accueil, le germe de la rébellion contre la loi. Vous pouvez tout nous demander, vraiment tout. Comme l'a dit une fois ma fille Livia : « Tommaso est sorti, maintenant il nous reste un peu de maman ». Décarcassez-nous comme des restes de poulet mais ne nous demandez pas de jouer le rôle du père, nous n'en sommes pas capables.

J'ai vu des choses que vous les hommes ne pouvez pas même imaginer

Chère Cristiana,

Tu as combien de temps devant toi ? Parce que si tu veux que je te parle du travail et des enfants, il va te falloir au moins quatre heures, en plus d'être dans d'excellentes dispositions à mon égard. Je vais certainement avoir une crise d'hystérie, je vais me faire ennuyeuse, plaintive, et envahissante. Il se peut même que je me mette à pleurer. Dans une escalade qui s'auto-alimentera, je te proposerai de changer de travail, puis d'émigrer, et enfin, avec la modération qui me caractérise depuis toujours, d'éradiquer tout le pays au napalm.

De quoi veux-tu parler ? Des bureaux qui disparaissent au retour du congé maternité ? Des collègues qui te considèrent comme une cinglée, ou comme une professionnelle de seconde zone ? De l'idée que la possibilité de tout avoir est un mensonge colossal ? Ou alors des allocations familiales en France ? Des aides au *part-time* en Hollande (si tu souhaites travailler à temps partiel, l'entreprise est dans l'obligation de l'accepter, alors qu'en Italie, les femmes qui auraient très envie de pouvoir le faire sont obligées de laisser leurs enfants à la crèche le cœur déchiré et les larmes aux yeux) ? Je suis parfaitement au point, et très bien rodée sur tous ces sujets.

Tu vas bientôt recommencer à travailler, et tu ne sais pas comment t'organiser. D'abord, oublie Nancy Pelosi, qui, au dix-huitième (et je dis bien dix-huitième !) anniversaire de son cinquième (et je dis bien cinquième !) enfant, s'est remise en route, et a trouvé un petit job, pas vraiment comme vendeuse à la mercerie du coin, mais comme présidente de la Chambre des représentants, devenant ainsi la femme ayant atteint les plus hautes responsabilités dans les institutions américaines. On ne lui a pas dit qu'elle était trop vieille ni qu'elle avait trop d'enfants.

Voilà, oublie-la.

Ici, en Italie, nous sommes dans le pays du monde qui fait le moins d'enfants ; ici, le monde du travail est contre les mères, c'est-à-dire contre les enfants.

C'est une réalité. Le problème n'est pas que le monde du travail refuse les femmes, mais que les femmes ne peuvent pas changer le monde du travail tel qu'il est actuellement. Soit tu en acceptes le rythme et les horaires, soit tu es marginalisée et tu restes en dehors. Qu'importe si un nourrisson attend le lait auquel il a droit à la maison. Qu'importe si tu dois corriger des devoirs, écouter, consoler, endormir et changer des couches... Et peut-être aussi boucler ton travail en deux fois moins de temps que les autres, ne t'autorisant pas à faire ce que font tes collègues, à savoir jouer à l'ordinateur, chatter, téléphoner, faire des pauses à la machine à café... parce tu sais qu'ils ont besoin de toi à la maison. Qu'importe si, habituée à faire au moins trois choses en même temps, tu te débrouilles très bien au travail, en étant particulièrement efficace (après avoir affronté du vomi pulvérisé, des petits boutons sur le front et des convulsions nocturnes, tu ne crains aucun imprévu).

Ici, nous ne sommes pas en Norvège, où même un premier ministre pro-avortement comme Gro Harlem Brundtland était capable de comprendre qu'il fallait mettre les réunions à huit heures du matin, pour que les femmes puissent se dépêcher d'arriver, juste après avoir déposé les enfants à l'école. Et ensuite, tous à la maison à quatre heures. Et nous ne sommes pas en train de parler de fonctionnaires de la Poste mais d'hommes et femmes d'État.

Ici, les femmes que nous sommes, mènent leurs études avec l'idée qu'elles auront à la fois une carrière et des enfants. Mais ce n'est pas vrai. Ce n'est pas vrai, sauf dans de très rares cas de professions merveilleusement libres, gérables, encastrables et adaptables aux rythmes de la vie d'une maman et de ses enfants. Ou sauf quand on a des chefs éclairés, comme mon Ilda Bartoloni, avec laquelle on discutait férocement d'avortement et de féminisme, même à coups de cassettes lancées en l'air, mais qui comprenait les contraintes d'une maman prête à partir en voyage avec son sandwich dans son sac (un Prada parfumé au surimi), et des aller-retour records dans son agenda : une heure et quart à Palerme, six heures à Stockholm, quatre à Berlin. Pas de balade touristique ni de repas offert dans le restaurant le plus cher de la ville, parce qu'il faut être revenue à la maison, interview bouclée, juste à temps pour la compétition de karaté et la deuxième dose d'antibiotiques. Mais Ilda est morte, et nous, ses « filles », la regrettons pour de nombreuses raisons, en particulier parce qu'elle savait gérer le groupe comme seule une femme sait le faire. Chacune devait atteindre ses objectifs en employant au mieux ses talents d'équilibriste et d'optimisation, sa capacité à se passer de repas et de sommeil, son aptitude à écrire un papier à l'aéroport et à préparer une interview dans la salle d'attente du pédiatre, sa faculté à lire la revue de presse en regardant *Bambi*.

Maintenant Ilda n'est plus. Et nous, les filles qui avons grandi, nous avons dû apprendre à laisser des morceaux en route : soit nos enfants n'auront pas la présence nécessaire, soit toutes celles et ceux en mesure d'être plus dévoués et plus engagés dans leur travail nous passeront devant.

Il n'est pas question de prétendre qu'une maman qui

travaille doit posséder aussi des pouvoirs surnaturels, et qu'elle peut pourvoir à tout, comme par exemple envoyer ses enfants à une petite fête avec un gâteau fait maison (les miens sont toujours dans la liste de ceux qui apportent les boissons ou les cochonneries genre chips, car ma réputation de cuisinière incapable me précède), arborant chacun un masque de grenouille cousu pendant la nuit par des mains habiles. Une maman qui travaille ne peut pas non plus veiller à l'épanouissement culturel de la petite merveille de la maison, en l'initiant à l'art et à la littérature, à travers des expositions et des après-midi à la bibliothèque.

Mais même une mère qui travaille doit pouvoir écouter au bon moment ; elle ne doit pas toujours être obligée de dire « attends deux secondes, pas maintenant » parce que le peu de temps libre qui lui reste est investi dans la subsistance physique de sa progéniture. Ladite progéniture peut bien se rendre à la fête avec un gâteau acheté dans le commerce, que l'on aura sorti de son paquet pour lui donner vaguement un air de fait maison, mais elle doit savoir que sa maman n'est pas joignable que sur son portable. Les petites mains potelées doivent pouvoir la trouver en cas de besoin.

Dans la file d'attente avant le rendez-vous avec la maîtresse, on papote, on compare nos ménages, et on propose des échanges, même temporaires, de mari.

« Le mien fait les courses.

— Le mien, non, mais hier, il s'est souvenu de notre anniversaire de mariage.

— Le mien, le mois dernier, a même remarqué que j'étais allée chez le coiffeur.

— Quoi, vraiment ? »

Mais une seule chose fait l'unanimité. Les mamans qui travaillent sont toutes exténuées par ce double rôle. Quand elles étendent le linge, sur le balcon, à minuit, elles se saluent d'un bout à l'autre de la cour intérieure. Toujours à court de temps, surtout de temps pour soi, qui est le premier auquel on renonce. Et pourtant on continue à parler du travail comme d'une conquête.

« Lavinia, c'est un beau dessin. Mais c'est qui ? demandai-je il y a quelques mois à ma fille, observatrice implacable infiltrée à la maison.

— C'est toi maman.

— Et pourquoi tu m'as dessinée avec une banane sur la tête ?

— Ce n'est pas une banane, ce sont tes cheveux : marrons au-dessous et jaunes au-dessus. »

Les racines. C'était peut-être le moment d'aller faire retoucher mon balayage, réduit à des visites semestrielles chez le coiffeur. Voilà, en ce qui concerne le temps pour nous-mêmes, nous pouvons toutes fermer les yeux. Sur le temps que nous devons consacrer aux besoins des enfants, non.

Et parmi les mamans – managers, ingénieurs, experts-comptables – en rang pour les entretiens avec la maîtresse, la dernière fois, je n'en ai pas trouvé une seule qui ne diminuerait pas volontiers son rythme de travail, un travail que nous avons pourtant conquis péniblement, mais qui devient parfois une prison, même quand il est important et noble, voire gratifiant et bien rémunéré.

Voilà, chère Cristiana. Ce n'est pas un bon soutien pour te raccompagner à ton bureau. Toutefois, je peux te dire que je suis certaine que tu y arriveras, que tu sauras aussi trouver ton rythme, ta manière de tout faire tenir ensemble, et même si je ne vais pas te sortir le bobard du « mieux vaut la qualité que la quantité » avec les enfants, il est vrai que la qualité est importante.

Quand ma situation était précaire, et que j'alternais les périodes de travail et les périodes de femme au foyer, j'ai appris qu'il n'est pas suffisant d'être à la maison pour être vraiment présente. Certainement aussi parce que la situation de ma nounou était également précaire : quand j'étais à la maison, ses heures de travail étaient réduites. Dans ces périodes-là il m'arrivait de passer tout mon temps à ranger ; la maison peut devenir un trou noir dans lequel le temps disparaît. À l'inverse, pendant mes périodes de travail, il m'arrivait de ne pas voir les taches de yaourt qui décoraient le parquet, et de me consacrer pleinement à mes enfants. D'abandonner des tas de linge non repassé pour amener des esthètes en herbe aux Musées du Vatican (pour m'entendre dire que « la momie est bien mieux que la chapelle Sixtine », mais peu importe : ils voyaient et emmagasinaient).

Toi aussi, tu trouveras le temps de faire un méga-embouteillage avec les petites voitures, de préparer le repas en écoutant le récit d'une dispute historique avec un meilleur ami. Certes, tu seras toujours trop géologue pour être maman et trop maman pour être géologue. En retard pour la remise de ton papier, ou pas toujours au point sur les relations amicales de tes enfants, distraite en tapant à l'ordinateur car tu es en train d'allaiter, en flagrant délit d'entorse au programme de sevrage (bouillon lyophilisé plutôt que courgette écrasée à la main) car tu avais une réunion. Toujours un peu singulière, et pour citer mon ami Paolo : tu seras au travail comme le masseur des équipes de football qui, sur la photo pour le poster, est toujours un peu gêné, avec un demi-sourire un peu tendu, en train de se demander s'il est à sa place dans ce groupe qui pose.

Courage, remobilise-toi, et si tu as besoin d'une bouée, je suis là.

C.

*

Est-ce bien que les femmes travaillent ?

C'est l'une des rares questions auxquelles je ne sais pas répondre, moi qui me promène dans le monde avec un grand couteau entre les dents pour mener les batailles sans espoir de compromis du bien contre le mal, du juste contre l'injuste, du vrai contre le faux dans ma vie, et, que Dieu me pardonne, parfois aussi dans la vie des autres. En rien multiculturelle, absolument pas œcuménique, et carrément ennemie du doute.

C'est cependant une question relativement complexe, et je vais donc essayer d'argumenter ma réponse le mieux possible.

Une femme ne peut pas travailler autant qu'un homme, si elle a des enfants, ni de la même façon qu'un homme, même si elle n'en a pas. Le travail d'une femme doit toujours pouvoir s'adapter au rythme de vie des personnes dont elle a la charge, et doit être accompli dans l'idée de la disponibilité à l'accueil de l'autre.

N'imaginez pas que j'ignore défendre un point de vue à part, mais je pense à toutes ces femmes en chair et en os que je connais, qui n'écrivent pas et qui ne sont pas « tendances », qui toutefois existent bel et bien et qui sont nombreuses.

La question à se poser est : qu'est-ce qui est bon pour mes enfants, ma famille et les personnes qui ont besoin de moi ? La réponse doit être placée en première position, avant la réalisation personnelle (qui est sacro-sainte, certes, mais qui vient après), avant les temps pour soi, avant l'indépendance économique, avant le désir de mettre à profit ses études.

Avec mon grand couteau susmentionné entre les dents, je prends le risque d'affirmer que l'enfant, pendant les trois premières années de sa vie, aurait besoin d'une présence maternelle presque constante. Il peut ne pas pâtir à la rigueur d'absences très courtes, qui ne doivent de toute façon pas constituer la majeure partie de sa journée. La première année, même un aveugle pourrait voir que l'enfant veut, et de bon droit, sa maman. Une société qui ne tient pas compte de cela est une société qui maltraite les enfants. On peut apporter toutes les justifications d'ordre économique ou organisationnel que l'on veut, mais il est évident qu'au nom de celles-ci, on piétine les droits des plus faibles.

Je ne m'érige pas du tout en exemple, étant donné que pour mes deux premiers enfants, il m'a été impossible de m'arrêter de travailler aussi longtemps. Mais ce fut au prix de maux de ventre, de cœur serré, et de coussinets d'allaitement débordants.

Je ne suis pas convaincue qu'avoir la possibilité de laisser ses enfants à la crèche, à la baby-sitter ou à des grands-parents (aussi merveilleux soient-ils) constitue une émancipation. Je ne suis pas sûre que laisser les enfants à l'école la plus grande partie de la journée, les confiant, ainsi que le soin de leurs devoirs, à des enseignants qui, si on a beaucoup de chance, sont très compétents, mais que l'on ne peut malheureusement pas choisir, soit bien. Je ne suis pas convaincue qu'entrer à un prix aussi élevé dans le cycle de la production et de la consommation soit une conquête. Je ne suis pas certaine que le partage des tâches ménagères avec le père, confondant ainsi les rôles et provoquant un mal-être des deux côtés, soit une libération. Et je suis convaincue que ce mal-être n'est pas étranger à bon nombre de crises conjugales.

Certes, il y a travail et travail.

Il y a celui qui est une source de revenus devenue indispensable pour une subsistance digne de ce nom. Mais dans ce cas-là, il faudrait revoir la copie. Parce que si un salaire suffisait auparavant, et qu'il en faut maintenant deux, cela veut dire qu'on a pris deux travailleurs au prix d'un. Et il faudrait qu'un économiste éclairé m'aide à comprendre quelque chose : devons-nous baisser notre qualité de vie en consommant moins, en éliminant des besoins qui nous semblent aujourd'hui incontournables mais qui étaient des luxes hier encore, ou bien ce qui est nécessaire pour vivre, une maison avant tout, coûte-t-il vraiment trop cher pour un foyer avec un seul revenu, lequel était suffisant auparavant ?

Et puis il y a le travail qui est principalement un faire-valoir, et permet juste d'améliorer la qualité de vie. À vue de nez, je crois que c'est souvent le cas. Dans ce cas-là, c'est un devoir de ralentir son rythme quand on a de jeunes enfants ; les personnes qui ne le font pas se comportent en égoïstes. C'est très difficile de lever le pied, parce que l'on pense, pour une raison ou une autre, que le travail à l'extérieur est plus valorisant qu'à la maison, où le public capable de délivrer des certificats officiels de réussite est plus réduit, et davantage enclin à le considérer comme un acquis social. Mais il est vrai que les remerciements à la maison n'abondent pas, et quand un avis positif arrive, il faut le mettre de côté pour les jours où l'on est considérée comme un élément domestique ne méritant aucun hommage particulier, au même titre que le lave-linge qui ne reçoit aucun remerciement à la fin de son cycle.

« Bernardo, tu es content que maman aille dans une nouvelle rédaction, qui lui plaît davantage ?

— Ça change quoi pour moi ? Tu ne connais pas le principe : que chacun soit content pour soi ?

— Je ne pense pas que ce soit un bon principe, grinçai-je, en découvrant le peu de bases de charité chrétienne que je lui avais enseignées, pour ne pas parler de l'absence de traces d'amour filial.

— Et en tous cas, je serai plus près du distributeur de bonbons, donc c'est bon. Comme ça, quand je viendrai te voir, je n'aurai pas à monter l'escalier pour aller me chercher un Kinder. »

Et pourtant – à l'exception des coups qui font vaciller l'estime de soi d'une maman –, j'ai presque toujours la sensation qu'en essayant d'éduquer mes enfants (avec de piètres résultats, il est vrai), j'utilise mon intelligence au moins autant que dans mon travail, lequel demande d'ailleurs moins d'efforts.

Je connais une mère de six enfants absolument géniale, titulaire d'une maîtrise de philosophie, qui est restée à la maison avec bonheur, et une autre mère de six enfants, tout aussi géniale, qui s'est épanouie dans son métier de psychiatre. Il est peut-être temps de revenir sur l'opposition habituelle que l'on fait entre gratification et renoncement, maintenant que nous avons la liberté de travailler et que rester à la maison n'est plus une obligation. C'est un choix que certaines doivent pouvoir faire avec joie, sans se sentir diminuées.

Il faut dire qu'il y a différents types de femmes. Il y a celles qui sont contraintes de travailler, et qui se languissent de ce petit être de quelques mois qui a ravi leur cœur, et puis il y a celles qui ne renonceraient jamais à leur indépendance économique ni à leur liberté, même si elles sont ultra riches. Il y a celles qui vont au travail pour se reposer, et qui feignent d'avoir des choses à faire au-delà de l'horaire normal pour éviter de batailler avec leurs enfants à la maison. Il y a celles qui envoient leur fils de quatre mois à la crèche même si elles ne travaillent que l'après-midi, pour pouvoir aller à la gym le matin et remuscler leurs fessiers. Il y a celles qui, sans leur travail, ne savent pas qui elles sont, et ne se sentent pas pleinement elles-mêmes ni reconnues socialement. Enfin, il y a le travail à travers lequel on peut faire du bien en dehors du cercle familial. Les femmes que nous sommes peuvent faire beaucoup pour rendre les hôpitaux plus humains, les journaux moins vides, les tribunaux plus efficaces, les écoles plus stimulantes, les bureaux plus fonctionnels. Il faut trouver le moyen de le faire, c'est nécessaire. Nous avons peiné pour obtenir cette liberté de choix ; ce fut une longue lutte. Il suffit de se rappeler que ce n'est que dans les années 1960 que le gouvernement italien, avec Fanfani à sa tête, a enlevé aux entreprises le droit de licencier les femmes quand elles se mariaient et qu'elles risquaient alors d'avoir des enfants.

Mais toutefois gardons à l'esprit que notre premier

devoir est auprès de notre mari et de nos enfants.

Certes, il y avait, et il y a toujours, la difficulté de tout concilier. La synthèse est-elle possible ? Je l'ignore.

Le travail, selon moi, devrait pouvoir être élastique et adaptable au rythme de la vie. Il devrait être possible, juste pour donner un exemple, de prendre un congé sabbatique pendant plusieurs années mais à deux conditions, qui me font rire rien qu'à y penser, tant elles sont éloignées de la réalité.

Il faudrait d'abord donner des allocations familiales plus importantes, sur la même base que le fameux quotient familial, c'est-à-dire quelque chose qui ne ressemblerait pas à une aumône et qui n'obligerait pas les parents qui feraient ce choix à installer des cartons et un peu de cellophane en guise de logement sous le pont le plus proche. Pourquoi ne pas y affecter une partie des fonds repêchés dans le gouffre de l'évasion fiscale, étant donné qu'un enfant instruit respectera les règles et fera son devoir en payant ses impôts ?

La deuxième condition serait d'envisager la possibilité qu'en reprenant le travail (en admettant qu'un poste stable et à responsabilité ait pu être conquis avant les quarante ans, quand les ovaires commencent à partir en retraite), on ne soit pas affectée au nettoyage des toilettes ou au service photocopies.

« Tu en demandes trop », me disent mes collègues

sans enfants. Oui, c'est vrai, si c'est trop demander que de bien travailler et d'essayer d'élever correctement ses enfants, je demande trop. C'est la position de ceux qui pensent que les enfants sont fondamentalement ton problème, pour ne pas parler vulgairement. Et peut-être aussi de ceux qui pensent qu'une maman présente auprès de ses enfants est forcément incompétente au travail.

Si on estime, au contraire, que les enfants sont le bien de tous, et pas seulement parce qu'ils paieront les retraites et bla bla bla, et bla bla bla... mais aussi parce que ce sont eux qui façonneront le monde de demain, alors les personnes qui veulent se consacrer à leur éducation doivent être aidées et soutenues. Une maman qui reste au foyer ne garantit certes pas une réussite éducative et chacun pourrait citer de nombreux exemples de mères très présentes et très inutiles, voire néfastes, c'est vrai. D'ailleurs, si vous connaissez la formule magique pour la réussite des enfants, donnez-la-moi, s'il vous plaît. Cela étant dit, le fait de déléguer, de cloisonner et de ne pas avoir de temps n'aide pas. Le temps est précisément ce qu'il faut pour laisser l'amour s'exprimer, pour apprendre aux enfants à raisonner, pour stimuler leur curiosité, les passionner, les accompagner vers un horizon élevé. Je ne sais pas comment on fait, mais ce n'est certainement pas en prenant le large.

Mon rêve serait de partir à la retraite pendant dix ans à partir de maintenant, et de restituer à mon entreprise et à la société dix ans de travail quand j'aurai soixante ans. Dès que je tomberai sur le ministre du travail, je le lui proposerai. J'imagine déjà l'enthousiasme avec lequel mon idée sera accueillie.

Alors que je suis maintenant épuisée de manière chronique, et que je m'endors sur toute surface où je peux poser mes membres fatigués, à soixante ans (si j'y arrive), je serai peut-être obligée d'inventer quelque chose pour faire semblant d'avoir encore des trucs à faire. Mon mari me décrit comme insupportablement hyperactive. Imagine si je deviens folle, et que j'achète un camping-car pour découvrir le monde et occuper le temps (deux activités que je déteste au plus haut point), comme le jeune retraité incarné par Jack Nicholson dans le film le plus désespérant de la décennie : *Monsieur Schmidt*. Ne serait-ce pas mieux d'avoir du temps maintenant, au lieu d'essayer de transformer en heures de travail les heures de sommeil, pour arriver à boucler presque tout ? Tous les soirs depuis une douzaine d'années, quand je vais me coucher en pleine nuit avec un tas de choses encore à faire (linge, sacs d'école, factures, lectures), j'annonce à mon mari que le lendemain matin, je vais me lever à six heures – en général, quatre heures nous séparent de cet objectif – pour aller à l'austère messe monastique de 6h20, puis poursuivre le long du mur d'Aurélien avec un petit jogging tonifiant d'une demi-heure, rentrer à la maison, enfourner des croissants, prendre une douche régénérante et enfin, après un coup d'œil aux journaux, réveiller tout le monde en chantonnant « La vie est belle... »

Je n'ai pas réussi une seule fois en douze ans. Dans la vraie vie, en général, mon mari me sort du lit à coups de pied, alors qu'il est déjà l'heure d'accompagner les enfants à l'école, et que ma journée débute avec un retard irrattrapable d'une heure et demie par rapport à mon plan d'action.

Dans l'attente de l'obtention du droit à la retraite anticipée de vingt-cinq ans, il faut donc essayer de concilier les choses, en limitant les dégâts, en allégeant les programmes et en acceptant nos propres retards. Il sera nécessaire de chercher à ne pas t'effondrer sur ton bureau après une nuit passée à tenir des gants humides sur des petits fronts fébriles, et il faudra prendre un air intelligent quand le chef t'entretiendra d'un événement qui s'est produit la veille au soir, dont tout le monde parle, car il a fait la une du journal de 20 heures, et qu'il a été le sujet principal des talk-shows de la soirée. Toi, tu t'efforceras d'essayer de comprendre si c'est Obama qui est mort, ou si la Chine a décidé de se faire rembourser ses crédits et de mettre la moitié du monde en faillite, mais tu iras à tâtons, car à vingt heures tu étais en train de regarder *Tic & Tac* ou de ramasser de la bouillie.

Et pourtant, à chaque fois que les journaux parlent de conciliation entre le travail et la famille, il n'est question que de l'augmentation du nombre de places en crèches, jamais de politiques de vraie flexibilité. Les crèches où tu peux laisser ton enfant de trois mois ne t'aident pas à trouver un juste équilibre. La véritable égalité existe quand il est consenti à une mère de rester à la maison avec ses enfants en bas âge, pas de se tuer au travail dans et hors de la maison, laissant son nourrisson entre les mains d'une autre.

Il est clair qu'une femme ne peut pas travailler comme un homme, mais elle doit trouver sa propre manière de faire et son propre tempo. Il n'est pas juste d'être obligée de choisir entre accepter les règles, les horaires et les façons de faire des hommes, en mettant de côté tout ce qui est à la maison, ou rester dehors. Dans de nombreux bureaux, me disent plusieurs amies, la présence seule est très importante : les heures passées devant l'ordinateur à naviguer au hasard sur internet, à jouer au solitaire ou à lire des horoscopes, à téléphoner à des parents lointains et à des amis improbables, les séries de pauses à la machine à café, pour déguster de tristes gobelets de breuvages aux noms inquiétants (boisson au goût de... vague et lointain souvenir de thé). N'importe quoi, mais surtout ne pas quitter son bureau avant tard dans la soirée, garder les coudes tenacement appuyés, pour montrer à tous que l'on est là, que sans notre présence, pas de croissance pour l'entreprise. En un mot, montrer que l'on est indispensable. Une femme qui doit faire beaucoup de choses à la maison sera encline, lorsque c'est possible, à faire son travail le plus efficacement possible, à couper les temps morts, pour vite courir à la maison. Le problème est que, à travers un mécanisme pervers que mon pauvre esprit ne réussit pas à percer, cette habileté (faire les choses en moins de temps) n'est pas considérée comme une valeur, mais comme une limite. Si c'est là le critère d'évaluation, une femme est hors jeu. Du moins tant que l'organisation du travail ne prévoira pas d'intégrer les exigences familiales avec souplesse, intelligence et dans l'intérêt des enfants – que tous proclament vouloir défendre, et dont tous se désintéressent – en nous contraignant à renoncer aux propositions alléchantes sur l'autel de la contrainte familiale. Ce qui est dommage, car nous sommes douées, et avons des choses à offrir. Il suffit de voir la différence entre les garçons et les filles à l'école. D'un point de vue purement scolaire, il n'y a pas de comparaison possible. Les filles surpassent les garçons, et de beaucoup. Certes, les résultats scolaires ne signifient pas tout : les biographies de génies sont pleines d'enseignants obtus qui ne comprennent pas une qualité aussi insaisissable que l'intelligence. Toutefois, c'est un fait avéré que, de la maternelle à l'université, les filles sont plus douées, plus soigneuses et plus rapides dans la poursuite de leurs études. Je me demande donc où se produit le point de bascule. À quel moment précis entre le cours préparatoire et le secrétariat général de l'ONU les femmes perdent-elles leur intelligence, leur bravoure, leur capacité de travail ? Comment se fait-il que les maîtresses les trouvent meilleures, mais que dans le *board* des grandes firmes, elles soient absentes ? À quel moment de leur formation leur intelligence s'effrite au point de les empêcher d'avoir de l'influence dans les centres du vrai pouvoir, à savoir le pouvoir économique ?

Il est bien évident que ce n'est pas un problème de valeur, mais de pouvoir. Ceux qui l'obtiennent doivent être dignes de confiance : ils doivent décider selon sa logique interne, qui est de lui offrir des garanties d'auto-conservation. C'est pourquoi une femme n'y arrive pas puisque la femme est accueillante et que le pouvoir répond à une autre logique. Cela n'est pas fait pour nous : le pouvoir comme affirmation de soi n'intéresse pas la plupart des femmes.

Rejeter la faute sur les autres, ce qui est une pratique courante, est un signe d'immaturité. Et c'est casse-pieds. Nous les femmes devons enfin sortir de la spirale des lamentations, et prendre acte du fait qu'elles sont différentes. Ce n'est ni un complot ni de l'oppression, c'est juste que nous sommes faites pour un autre type de pouvoir. Quand nous l'obtenons, nous devrions l'utiliser comme une responsabilité à assumer, comme le fait une mère : non pas un chef suprême qui décide pour tout le monde, mais une personne intelligente qui comprend ce que les siens savent faire et qui attribue à chacun sa place.

Les femmes savent gérer les personnes, les problèmes et les urgences. *I can manage any crisis : I have children* peut-on lire sur des autocollants collés sur certaines grosses voitures américaines à sept places. Bien sûr qu'une femme peut gérer n'importe quelle crise : elle voit devant, derrière, sur les côtés, avec les yeux, les oreilles, les mains et le nez. Nous sommes capables d'être sur plusieurs fronts, de résoudre des problèmes très rapidement au travail sans oublier ce qui se passe à la maison. Que pourrions-nous craindre d'une troupe qui n'arrive pas, des filatures d'un ministre, d'une grève aérienne ? Un seul problème à gérer à la fois, ce n'est rien. Nous supportons le dur labeur et la douleur mieux que les hommes, comme peut en témoigner toute personne qui a eu un homme fiévreux à la maison, lequel dictait déjà ses dernières volontés avec trente-sept cinq.

Et pourtant, nous ne sommes pas faites pour le pouvoir. Les femmes qui parviennent à l'obtenir sont souvent en colère, car elles trahissent en fait leur propre nature, elles manquent d'assurance et elles sont donc agressives. Et si d'un côté, elles renient leur propre féminité – la douceur et l'ouverture – de l'autre, elles la manifestent en incarnant les pires stéréotypes féminins. Elles peuvent devenir hystériques, passionnelles et capables de méchanceté à un point que les hommes ne peuvent même pas imaginer.

C'est une question dont j'aimerais que nous parlions entre mamans qui travaillent, même si nous ne pourrons parvenir à un consensus (en raison de pause-café trop courtes, ou des conversations téléphoniques pas assez longues pendant la cuisson des escalopes de poulet pané) : deviennent-elles méchantes quand elles arrivent au pouvoir, ou y arrivent-elles parce qu'elles sont méchantes au départ ?

Nous sommes plus grands que vous et nous sommes chez nous

Chère Marta,

Je n'ai pas réussi à t'appeler tout à l'heure et maintenant qu'il est très tard, cela ne me semblerait pas correct de te téléphoner. Tant mieux pour toi, qui fais partie de mes amies « d'urgence », celles à déranger en cas de besoin. Tu paies ainsi le fait d'être plus mûre, beaucoup plus sage et infiniment plus équilibrée que moi, et de posséder le don de clairvoyance et de bon sens, qui me sont totalement étrangers.

Tes enfants sont plus âgés que les miens, tu vois les problèmes avec la distance nécessaire, et la douleur que tu as affrontée (et acceptée) dans la vie t'a rendue douce et bienveillante, et de ce fait, reposante. Cela explique pourquoi tu reçois mes appels à l'aide, et comme Virgile l'a écrit, *Non ignara mali, miseris succurrere discis*, autrement dit : « Connaissant moi-même la douleur, je peux venir en aide aux malheureux ».

Donc un peu plus tôt dans la soirée, si j'avais pu, je t'aurais infligé un coup de téléphone. Un de ceux au cours desquels on fait la révision générale et le bilan périodique.

Mon mari soutient que « Comment vas-tu ? » dans le langage courant est une formule de politesse tout à fait conventionnelle. Si l'on te retourne la question, ce qui est un tic de langage précise l'ours qu'est mon conjoint, il n'est pas du tout évident que l'on ait réellement envie de savoir à quelle hauteur tu te trouves sur ta parabole existentielle. L'interlocuteur imprudent ne veut pas forcément que tu lui fasses le commentaire du dernier volume de ton journal intime, archivé en cas de besoin des années collège à aujourd'hui.

Je lui réponds qu'inversement, je ne m'explique pas comment on peut vivre jour et nuit avec des collègues lors de déplacements professionnels en grommelant uniquement les maigres informations de base strictement nécessaires à la survie, telles que les dernières nouvelles dans l'actualité du football, ou l'adresse du restaurant où aller dîner. Les hommes peuvent passer une semaine ensemble en Malaisie, et revenir à la maison sans aucun scoop. Comment va ton collègue ? Il est heureux ? Il est amoureux ? Est-ce qu'ils vont se marier ? Qu'est-ce que j'en sais, je ne le lui ai pas demandé. Une aphasie sur les sujets fondamentaux est complètement incompréhensible pour moi et pour beaucoup d'entre nous, qui avons tendance à improviser des séances de partage même dans la file d'attente pour la balançoire du parc. On va droit à l'essentiel.

Si tu m'avais demandé : « Comment vas-tu ? », moi, bondissant telle la fouine, j'aurais commencé à t'exposer mes derniers doutes en matière d'éducation, car je nourris actuellement la conviction que je suis la championne du monde du saut en hauteur raté. Je vise, je prends mon élan et je pars. Toujours plus haut. Je me concentre. Je réfléchis. Cette fois-ci, je ne dois pas la faire ; maintenant, je sais. Et hop, elle arrive : l'erreur tactique.

Le plus important, me dis-je pour me consoler, c'est de ne pas être la championne du saut en longueur raté. Ne pas persévérer dans l'erreur, se corriger, demander pardon dans certains cas et surtout, se confier à Celui qui nous a confié ces enfants, car Il croit en nous plus que nous croyons en Lui, et souvent plus que nous croyons en nous-mêmes.

Cependant ce soir, pas de téléphone. Il fallait un cours de rattrapage accéléré en (sous)culture contemporaine : nous avons regardé un peu la télévision ensemble.

Nous sommes tombés sur un feuilleton italien, un de ceux dont les personnages sont finement ciselés à la hache : le rustre au cœur d'or, le gros méchant et la fille de petite vertu, tourné et monté avec l'originalité d'une vidéo de première communion. En hommage aux dirigeants de la chaîne qui ont dû y investir beaucoup d'argent, je dois avouer que cela a pas mal plu à mes enfants : c'était parfait pour des petits de l'école primaire qui, c'est bien connu, aiment comprendre rapidement qui est le gentil et pour qui il faut être.

J'ai décidé d'autoriser un peu la télévision aux grands, parce que nous avons eu hier à la maison deux petits copains de mon fils (le philosophe taciturne de huit ans) dont la présence m'a donné à réfléchir. Ils étaient dans le jardin, ou plutôt dans cet espace que tu n'as pas encore vu mais que tu aurais certainement de la peine, comme moi, à appeler « jardin », puisque nous avons en mémoire, nous qui sommes de l'Ombrie, les collines à l'arrière-plan des Vierges du Pérugin. Ici, derrière le lierre, on peut entrapercevoir des voitures et des scooters bruyants et malodorants. Un espace qui, au cœur de Rome, dans le quartier San Giovanni, est pourtant précieux et très prisé par les amis des enfants. Ils y jouissent d'un peu d'immunité diplomatique de la part des adultes, car je préfère les laisser seuls, en accord avec ta ligne de conduite au pouvoir anxiolytique élevé : l'affectueuse négligence. J'interviens seulement quand je vois des gouttes de sang gicler ou des morceaux de membres disloqués.

Il y a parfois un usage inapproprié des pistolets à eau, et quelques échanges verbaux peu dignes de l'Académie avec les enfants des balcons environnants, élégamment appelés « les demeurés du deuxième étage », mais je fais mine de rien, en souvenir de nos jeux d'enfance où l'on apprenait à vivre sans la médiation des parents. Justement pendant l'un de ces moments d'autogestion, la clique des petits amis a abordé une dame qui passait derrière la haie.

« Eh ! Comment tu t'appelles ?

— Barbara.

— Est-ce que tu sais que mon père c'est l'acteur Massimo Boldi ? a dit notre hôte qui voulait faire belle impression sur la dame.

— Et moi c'est Christian de Sica, a continué le second. »

Mon Bernardo ne réussissait pas à se souvenir d'un personnage connu avec lequel étonner la passante. « Je suis le fils de Lillo », fut la seule chose qu'il parvint à dire (nous écoutons de temps en temps à la radio *Sei uno zero*, l'émission de Greg et Lillo, dans laquelle un des personnages est *Normalman*, un homme paresseux, mal éduqué et peureux, qui acquiert parfois des super pouvoirs, devenant ainsi normal, et parvenant ainsi à entreprendre des actions d'une ordinaire – et introuvable – bonne éducation comme aider une petite vieille à porter ses courses).

Sinon, presque tous les personnages connus à la maison sont hélas décédés depuis longtemps : Charlie Chaplin, les frères Marx... Et Huckleberry Finn ne jouit pas non plus d'une grande santé.

C'est de notre faute, je crois. Le grand veut fonder

les *Thirty too late*, un groupe musical pour ceux qui sont nés avec trente ans de retard. C'est un garçon d'une intelligence particulière, élevé avec Snoopy, les dessins animés de Bruno Bozzetto et les classiques de la littérature jeunesse italienne. Pour donner une idée, « Est-ce que tu peux me donner l'eau s'il te plaît ? » se dit dans son langage « J'ai besoin de bières et d'informations fraîches ». « Je vais aux toilettes » se dit « Je suis en réunion dans le bureau ovale ». Quand on part en voyage, la formule rituelle après la prière est : « Nous avons le réservoir plein, un demi-paquet de cigarettes, il fait nuit et nous portons tous les six des lunettes de soleil. En avant ! »

Aujourd'hui, pour la première fois, je me suis sentie coupable d'avoir gardé mes enfants en dehors des références communes. C'est l'un des doutes en matière éducative qui m'a saisie depuis que je suis la mère d'un préadolescent.

À quel point faut-il être dans le monde pour être « dans le monde sans être du monde » ? Beaucoup plus modestement, y a-t-il quelque chose de « regardable » à la télévision ? Est-il suffisant de voir de bons films pour ne pas être inadapté ? Je sais que tu n'appartiens pas au cercle des parents bio qui poussent des grands cris à la vue de n'importe quel écran interposé entre leur rejeton et sa dose quotidienne de jeux en matériaux recyclés et politiquement corrects. Et pour qui le cinéma reste la seule forme d'art née au vingtième siècle. Alors je dirais, tout en nourrissant quelques doutes sur l'apport artistique de *Hulk* : « Quelques pas en avant, mais sachons raison garder ». Ce n'est pas nécessairement un signe de grande intelligence de n'avoir vu, à l'âge de mes fiançailles, que deux films en entier : *Cendrillon* et *Quand Harry rencontre Sally*. À moins que ce ne soit valable d'avoir regardé l'un des deux vingt-cinq fois, avec, de surcroît, à chaque fois, un véritable transport mystique.

Le destin a voulu que j'épouse un monteur. Au début, il a essayé de me donner des cours de rattrapage. Il me donnait des cassettes vidéo (ça commence à dater !), puis il me téléphonait à la maison : « Tu es en train de regarder Bergman ?

– Oui, bien sûr.

– Et qu'est ce c'est que ce bruit d'eau ?

– Je fais aussi la vaisselle.

– Ce n'est pas possible ! me hurlait-il dans les oreilles. On ne peut pas regarder Kubrick, Bergman, ni Billy Wilder ou encore Cameron Crowe en faisant la vaisselle ! »

J'avoue que je trouve la chose très faisable, peut-être aussi parce que je m'endors si je m'assois.

Dans la journée d'un parent, comme tu le sais bien mieux que moi, il y a une série infinie de décisions à prendre, sur lesquelles il est bon d'avoir une position raisonnée et claire avant que l'urgence ne se présente. Comme ça, quand tu es submergée par une cascade de « Je peux avoir » (des bonbons, des glaces, des chips, pas de la purée de blettes, évidemment) et « Je peux faire » (jouer à la Playstation, sauter de la table, jamais les devoirs, évidemment), tu sais comment répondre. Il faut en outre montrer de l'assurance – oui, on prend le bain parce c'est comme ça – plutôt qu'expliquer (la description des bienfaits d'une hygiène parfaite impressionne peu les mineurs). De la même manière que l'on ne peut pas faire la liste des courses quand on est déjà dans le magasin, encore moins dans cet exécrable centre commercial. Il faut être solide, ferme tout en étant souple, et parfaitement présent, comme le savent bien mes enfants qui m'exposent toujours leurs requêtes quand je suis au téléphone et donc que j'ai baissé la garde.

Leur père et moi-même avons désamorcé certains bras de fer dès le départ, en planifiant des jours fixes pour jouer à la PlayStation. On peut en faire deux jours par semaine ; les autres jours, il est inutile d'essayer de profiter d'un éventuel niveau de conscience inférieur.

Les décisions à prendre se retrouvent à tous les âges. On commence dès le départ : comment endormir, quand prendre dans les bras, quand accepter la visite dans le lit parental, à quel moment enlever la couche, la tétine, le biberon... Saisir le point d'équilibre entre fermeté et douceur, entre règle générale et cas particulier relève parfois d'une grosse opération. Pour ne citer qu'un exemple, les devoirs sont notre croix quotidienne. « Tu es pire que la maîtresse » me disent les enfants, qui cherchent toujours le résultat maximum avec l'effort minimum. Ils oscillent entre l'ascétique principe de la règle de saint Benoît *Ne quid nimis* (Rien de trop), et l'esprit de Baloo dans *Le Livre de la jungle* « Il en faut peu... » Malgré un grand respect pour le monachisme occidental, on arrache les feuilles des cahiers, on fait répéter à l'infini l'histoire des guerres ou les tables de multiplication.

Si l'éducation est un voyage vers l'autonomie, que vaut-il mieux ? Laisser faire ou attacher à la chaise ? Je sais que tu as bien réussi avec Alfieri, car il était de bonne volonté. Mais comment faire avec ces jeunes vifs d'esprit, mais peu habitués à transpirer sur les cartes géographiques, bombardés par les images et certainement pas aidés par une école qui pense qu'il n'est pas suffisant d'apprendre à lire, à écrire et à compter ? Au lieu d'initier des élèves sur-stimulés, dont la concentration est difficile, à l'analyse grammaticale, à la logique et à l'étude de la construction de la phrase, l'école se sent obligée, malgré quelques maîtresses compétentes et très motivées, de proposer des cours de danse, de cricket et de « découvertes des saveurs » (*sic*).

Dans ce pays sans règles, dans cette atmosphère de fin des temps, où tout le monde prend ce qu'il peut, où le confort personnel et la corruption sont érigés en style de vie, où les intérêts égoïstes sont défendus de manière exacerbée, n'es-tu jamais tentée de dire à tes enfants ce qu'est la réalité ? Juste pour qu'ils apprennent à la fois à vraiment respecter les règles, mais aussi un peu à se défendre. Nous savons à Qui nous allons devoir répondre de nos vies, et nous n'avons rien à craindre, me dis-je. Alors, d'accord, soyons purs comme des colombes, mais aussi prudents comme des serpents. Comment fait-on pour passer de la lecture de *Petit ours Brun va à l'école* à celle des journaux ? En outre, nous vivons dans le cœur palpitant de notre époque : Rome. La capitale du désordre et de la beauté, où à quelques mètres le sublime et le glauque se côtoient en s'ignorant ostensiblement, où vivent coude à coude des hommes généreux et d'ineffables rustres : des gens qui sortent du bistrot et qui escaladent le grillage pour aller chercher le précieux ballon de ton fils, et des goujats qui garent leur voiture sur le passage réservé aux handicapés, et qui t'empêchent de descendre du trottoir avec ta poussette. Comment fais-tu ? Est-ce que tu leur apprends à respecter obstinément les règles, à faire six fois le tour du pâté de maisons pour trouver une place, ou à garer la voiture avec désinvolture en double file, adoptant l'explication de la romaine moyenne, « Ça va, j'ai un enfant dans la voiture » ? Moi aussi, j'ai une famille, mais je n'ai jamais pu faire ça, même si je suis avec les quatre enfants et qu'il pleut.

Et parmi tous les doutes avec lesquels je vais t'enquiquiner pendant les quinze prochaines années environ, voici celui qui surpasse les autres : comment éduquer à la foi ? Comment peut-on témoigner de ce que nous savons être l'unique vérité, dans le respect de la liberté que les enfants réclameront, à juste titre, en grandissant ? J'ai entendu mes amis ou relations plus lointaines raconter toute une gamme d'expériences, qui balayent tout le spectre, du rosaire quotidien obligatoire à la liberté totale du genre : « Il fera sa communion quand il le voudra... »

« Je crois que j'ai raté quelque chose. » C'est ce que je t'ai dit un jour, il y a longtemps, quand mon aîné était petit, et que la liste des erreurs allait s'allonger de manière exponentielle avec les années et le nombre d'enfants. « Tant mieux, me répondis-tu, quelle calamité d'avoir une mère parfaite. »

Très bien. Mes enfants ne courent pas ce risque. Et je me suis raccrochée plusieurs fois à ta réponse, quand par fatigue, par négligence ou parce que dans l'incapacité à évaluer la situation, j'ai grondé un enfant par erreur, ou je me suis fâchée un peu trop fort (sur la calligraphie dans les cahiers, je pourrais céder de temps en temps... le plus génial de mes amis écrit en script !) ou pas assez (avec moi, il suffit de simuler un mal à la tête, et je fonds comme un glaçon au prétexte que « Je dois être patiente, c'est peut-être la dernière fois que je le tiens dans mes bras », en tressaillant d'émotion, tandis que le malade imaginaire gît sur le canapé avec Astérix, les devoirs mis de côté).

Il faut savoir que les enfants résistent beaucoup mieux aux erreurs qu'on ne le pense. Quand ils sont sûrs d'être aimés, et quand les parents savent plus ou moins qui ils sont et ce qu'ils font, il est toujours possible de remédier aux erreurs.

L'Évangile ne parle pas de notre perfection, mais de l'omniprésence de Quelqu'un d'autre, le *Todo Poderoso*, Tout-Puissant, comme tu aimais l'appeler quand tu es revenue enthousiaste du chemin de Compostelle. Ce serait peut-être mieux que j'en parle un peu plus avec Lui et un peu moins avec toi, qu'en dis-tu ?

Bises avec reconnaissance,
C.

*

L'homme est une créature prodigieuse. Mettre au monde – ou adopter – de nouveaux petits êtres et les élever, est une entreprise grandiose, qui jouira toujours du soutien du Boss. Cela nous donne l'audace de tenter l'aventure, le courage d'aller de l'avant, et la certitude de réussir. L'homme ne peut qu'être une créature spéciale. La voix de Dave Matthews signe la preuve de l'existence de Dieu, de même que l'écriture de Philip Roth. Qui d'autre pourrait les avoir inventés ?

Parfois, il m'arrive de penser la même chose (d'accord, pas toujours, mais au moins par moments !) des personnes qui sont autour de moi (*incredibile dictu*). Et si je partage avec Franco Basaglia l'idée que, vu de plus près, personne n'est « normal », je pense aussi que, au fond, chacun possède quelque chose de précieux. L'être humain est une chose enthousiasmante. Même les passants me plaisent, alors imaginez à quel point je trouve mes enfants beaux, bons et dotés de qualités que l'on pourrait énumérer à l'infini.

Ceux qui œuvrent pour la vie, les parents avant tout, œuvrent du bon côté. « Que la force soit avec eux », comme diraient Obi Wan et Yoda.

Mais il y a le péché originel. Cette inclination vers le mal que la culture dominante pense pouvoir museler avec quelques bons principes et de grands sentiments, mais malgré tout très puissante, et parfois violente à l'intérieur de nous-mêmes. Oui, nous croyons que le pouvoir de le mettre en échec nous a été donné, mais c'est en fait une lutte à vie.

Voilà, c'est facile. Les choses ne sont pas si compliquées. La vérité est aussi simple que la structure de l'ADN : une hélice qui charpente le monde vivant dans son intégralité. Un peu comme la photosynthèse des plantes : un mécanisme si simple qu'un enfant de l'école primaire peut le comprendre, mais permet au monde de vivre.

En plus d'aimer leurs enfants, de les aimer de toutes leurs forces, ce qui est a priori acquis, il suffit que les parents se souviennent de tout cela. Il leur faut aussi se demander vers quel côté ils souhaitent que ce petit qu'ils ont contribué à mettre au monde se dirige.

C'est la question qui précède toutes les autres. À partir de cette première réponse, les autres suivent, les unes après les autres. Il devient évident, par exemple, que si l'éducation est un chemin qui accompagne l'enfant vers la maturité, il est fondamental de lui apprendre à différer son plaisir, à faire les choses tout seul, et à remplacer le principe de jouissance immédiate par un bien beaucoup plus grand. On peut réfléchir à tout ça pendant une semaine, et le chapitre pourrait se conclure ainsi.

Je me questionne personnellement depuis une douzaine d'années et trouve la tâche fatigante. Fatigante à pratiquer moi-même, quand j'aurais envie de me blottir sous ma couette avec un livre. Fatigante à enseigner, fatigante à transmettre à des enfants qui, bien évidemment, sont totalement dominés par la loi du plaisir et du « tout, tout de suite ». Fatigant de leur transmettre cet amour viscéral et poignant que nous ressentons pour eux sans les priver de ce *leadership* qu'ils attendent de nous.

Puis, en grandissant (mais quand est-ce qu'ils vont grandir tous ces cinquantenaires auxquels je pense ?), on apprend à faire une croix sur certains de nos désirs, à examiner les choses avec intelligence et sens des réalités. Du moins, on devrait. Le conditionnel est obligatoire, depuis que la psychanalyse a débridé l'inconscient, lui conférant ainsi le droit d'exaucer tous ses caprices. Un sujet très particulier et insaisissable pour moi qui n'ai aucune compétence spécifique en la matière, à moins qu'il n'existe une maîtrise spécialisée dans l'analyse empirique de nos semblables.

Concernant les enfants, il n'y a aucun doute. Quand ils sont petits, ils sont adorables mais égoïstes, irrésistibles mais tyranniques, et notre tâche est de les aimer infiniment jusqu'à ce que l'amour s'éveille en eux. « Maman est comme un grand arbre qui te donne tous ses fruits, tout ce que tu lui demandes, elle te le donnera » disait cette audacieuse poésie collée sur un petit carton décoré que j'ai reçu à la dernière fête des mères. Qui d'entre nous n'a pas reçu au moins une fois un prestigieux cadeau de l'école maternelle (cravate en papier, porte-stylos et autres réalisations des plus répugnantes, mais qui doivent être rigoureusement conservées, voire, pis encore, accrochées), exaltant notre héroïque abnégation parentale ?

Regardons-nous droit dans les yeux et admettons-le : c'est du cru des maîtresses. En réalité, les enfants ne se rendent même pas compte de ce que nous faisons, ce qui est normal. Par exemple, quand nous sommes en train de faire quelque chose, ils ne se demandent pas s'ils risquent de nous interrompre, car ils considèrent que nous n'existons qu'en fonction d'eux. Il suffit de le savoir. Ainsi on ne cherche plus l'erreur, ni comment on a pu produire un tel monstre, quand avec trente-neuf et demi de fièvre on prépare le dîner en s'efforçant de ne pas s'évanouir dans le poisson pané, et que le petit dernier nous demande d'enfiler le costume de Dark Vador parce qu'il faut mettre en scène la scène finale avec Skywalker (on ne trouve personne d'autre pour faire le méchant). Les enfants préfèrent oublier que leur maman peut avoir besoin de téléphoner ou d'aller aux toilettes, ou même de manger : une mère est une excroissance de leur corps pour laquelle ils n'envisagent pas de nécessités propres.

Pourtant, même quand cela semble désespéré, il faut avoir le courage d'être exigeant avec les enfants. Les racines de l'éducation sont amères, mais les fruits en sont doux (d'après Aristote ; ce ton sentencieux ne m'appartient pas).

Or, le courage d'être exigeant semble maintenant inconcevable. Pour je ne sais quelles raisons culturelles, le mécontentement des enfants nous apparaît comme insupportable, et il est devenu primordial de le faire disparaître. N'importe quel type de contrariété, même celle qui est saine, même celle qui résulte de la frustration du « non ».

Les « non », s'ils sont prononcés dans un certain dessein et avec logique (oui, mon cher mari, je le sais, quand je suis fatiguée, je dis « oui » et « non » au hasard...), rassurent les enfants. Ils les font se sentir bien. Une fois le caprice passé, s'ils n'ont pas obtenu ce qu'ils désiraient de manière déraisonnable, ils se sentent en réalité en sécurité. Mes parents savent ce qu'ils font et disent, pensent-ils. Ce monde, inconnu et nouveau, a une logique et un sens ; ce n'est pas le chaos.

Au début de leur existence, les enfants cherchent des limites et des références sûres, un peu comme un aveugle cherche un mur. Dans l'obscurité totale, expliquait la psychiatre Giuliana Ukmar, il est bien plus effrayant de trouver le vide plutôt qu'un mur. C'est l'inconnu qui terrifie le plus.

Ainsi, même si nous préférerions en payer le prix à leur place, nous devons apprendre à accepter douloureusement la souffrance de notre enfant. Nous ne pouvons pas l'effacer de l'horizon de l'enfance, c'est une réalité. Il est bien évident que nous ne recherchons pas la souffrance, mais nous ne pouvons pas non plus l'occulter. Et le rouleau des sous-titres peut maintenant commencer à défiler : l'auteur de ces affirmations connaît très bien la théorie, mais a quelques difficultés avec l'aspect pratique.

Je sais bien que les enfants ne peuvent pas vivre dans le monde de Disney, fait de parcs d'attractions et de châteaux roses, car cela n'est pas la réalité. La souffrance surgira à un moment donné, et tu devras t'y faire toi aussi, mon cher enfant, tout en sachant qu'elle n'est pas une fin en soi.

Maintenant, même les histoires sont épurées et édulcorées, y compris dans la réédition des classiques. Pour ne pas troubler la sérénité des enfants, à la fin, le loup et le chasseur font la paix. Vraiment, je vous l'assure, j'ai eu entre les mains un livre de contes qui expliquait benoîtement qu'au fond, le loup est bon aussi. J'ai également été témoin d'une conversation entre grands-parents, au parc, horrifiés par le fait que dans toutes les histoires destinées aux enfants il y avait toujours un méchant, un dragon ou un grand danger, ce qui risquait fort de les perturber.

Je me suis demandé comment ils avaient pu oublier toutes les sorcières et autres diables qui peuplaient les récits traditionnels italiens, et qui nourrissaient l'imagination des enfants avant *Winnie l'ourson*. Il me semble que la peur dans les contes (le loup qui mange ou le dragon qui tue) a valeur de catharsis. Elle permet de rassurer les enfants, en leur faisant entendre leurs peurs secrètes exprimées par des mots, en particulier la peur de la mort, cette maladie que nous contractons à la naissance.

Ils sont petits mais pas idiots. Ils savent et pressentent d'une manière confuse que le monde n'est pas tout rose, et le fait de nier ou de cacher les choses les effraie davantage encore. Qui sait ce que cache l'inconnu ? Mieux vaut dire que la souffrance existe, mais que nous avons confiance dans la vie.

L'urgence éducative vient du fait que nous ne savons pas pourquoi nous éduquons. Mais comment pourrait-il en être autrement, étant donné que même les parents ne savent pas pourquoi ils vivent, ni où ils vont ? Si l'on enlève la crainte de Dieu, comment fait-on pour éduquer ? Si l'on nie le péché originel et la nécessité du salut, que signifie « éduquer » ? Si l'on supprime l'enfer et le paradis (considérés comme une ineptie de bonnes femmes par tous les intellectuels, à l'exception de Camillo Langone), pourquoi devrait-on conquérir l'éternité ? Pour être une sorte de morceau de quelque chose qui flotte avec satisfaction, selon les nouvelles conceptions théologiques ?

On cultive alors une vague idée de bonté, que chacun doit chercher à atteindre dans la liberté. N'enlevons surtout pas aux enfants cette valeur suprême qu'est la liberté, c'est-à-dire la capacité à choisir. Qu'en dis-tu mon enfant ? On mange quoi ce soir ? Qu'est-ce que tu veux faire ? Tu veux aller où ? Tu ne crois pas que c'est l'heure de rentrer à la maison ?

Commencent alors des négociations et un bras de fer qui, d'ailleurs, rendent les enfants insupportables et exténuants. Ils nous mettent à l'épreuve pour voir jusqu'où on peut aller, alors qu'ils sont en train de nous supplier secrètement de les arrêter, et de leur mettre une limite.

Ces négociations, je les ai menées moi aussi. Mais quand mon amie Marta m'a pris en flagrant délit, elle m'a dit mes quatre vérités (ce serait peut-être le moment de les énumérer maintenant, mais je ne vois pas pourquoi je devrais m'infliger cette humiliation). Peut-être que nous faisons tous un peu les mêmes erreurs, nous, les parents modernes, novices et parfois dépassés par une aventure que notre génération, pour la première fois, vit comme un choix et non plus comme une étape naturelle et presque inéluctable. Il faut tout réinventer, dans la peine et la confusion, car il y a peu de repères stables au-dessus de nos têtes pour orienter la boussole.

Pendant ce temps-là, nos enfants souffrent car choisir quand on est petits est une responsabilité trop grande qui les paralyse.

Nous risquons d'être les parents d'une génération sans avenir, dénuée de sens et privée d'objectif. À l'école, les poésies de Pâques et de Noël ont été épurées des références à notre foi, pour ne blesser la sensibilité de personne. Or, pardonnez-moi, mais Noël et Pâques de qui ? Enlevons-les donc et fêtons Halloween ! Et vivons dans une mélasse écolo-biologique dans laquelle il faudrait apprendre à bien aimer (comme si cela était un sentiment naturel) tout et tout le monde, les êtres humains et les animaux étant placés sur le même plan, voire parfois, les animaux, un cran au-dessus.

Pour ceux qui ne croient en rien, étant donné que la souffrance n'a plus aucun sens, qu'elle n'est pas salvatrice, et qu'elle ne porte pas de fruits, il faut éviter à tout prix le moindre mécontentement ou la plus petite frustration aux enfants.

La santé physique devient ainsi un veau d'or : elle est recherchée à l'extrême, dans l'angoisse d'une perte de contrôle. D'où l'école Steiner, l'homéopathie, l'alimentation biologique, le coton organique, les remèdes sains et naturels, les après-midis en voiture pour aller cueillir des blettes non contaminées... et les regards lourds de sens sur les mamans conventionnelles qui utilisent des antibiotiques.

Prenons enfin la défense de ces pauvres enfants, qu'il n'est pas facile de comprendre complètement. Les maîtresses n'en sont pas capables, nous non plus. C'est une génération soumise à une infinité de stimulations (trop nombreuses, même si on tente de filtrer), qu'elle ne peut gérer car elle n'en a même pas le temps. Trop d'activités, trop de sollicitations. Et trop peu de temps pour consolider. Soyons donc miséricordieux envers eux et envers ces parents-pionniers que nous sommes.

Remerciements

Comme je n'écrirai probablement plus rien qui soit digne de publication, à moins qu'il n'y ait un marché pour les *Post-it* de service, les mots à la nouvelle maîtresse (il faut tout de même un certain style pour écrire un billet à quelqu'un dont on a oublié le nom) et les listes de courses pour maris (c'est aussi un art : il faut mettre l'ingrédient fondamental en position stratégique afin qu'il échappe au couperet de l'oubli), j'ai voulu réunir ici quelques remerciements. Pour m'éviter aussi une série de coups de téléphone, comme à la petite Thérèse par exemple, qui sont un peu compliqués pour des raisons techniques.

Merci à Dieu pour tout ce que j'ai reçu avec bonheur, ce dont j'ai conscience, ce que je ne connais pas ni ne comprends. Comme on n'entre au paradis que sur recommandation, sûrement pas sur la base des mérites, Marie, dis de bonnes choses à mon sujet, s'il te plaît.

Merci aux deux papes de ma vie, qui nous assurent que ce en quoi nous croyons n'est pas le fruit de notre imagination. À Jean-Paul II, qui a dit des mots définitifs sur la femme et sur la vie. Au grand Benoît XVI qui a supporté pour nous un martyre médiatique sans précédent.

Merci à l'Église, dont je fais fièrement partie, qui

a accueilli au fil des siècles les meilleurs esprits en circulation : Thomas, Augustin, Bernard, Thérèse, Catherine, la petite Thérèse et des milliers d'autres connus et inconnus.

De retour sur la terre, merci tout d'abord à mon mari Guido, pour son amour, son soutien envers et contre tout, son dévouement, sa générosité, sa patience, son art de résoudre les problèmes et son sens de l'humour.

Merci à nos quatre enfants : Tommaso, Bernardo, Livia et Lavinia, parce qu'ils existent et qu'ils sont comme ils sont. Pour m'avoir supportée un peu plus fatiguée et distraite que d'ordinaire, pendant quelques mois, et pour ne pas s'être cassé un bras en dépit de ma vigilance réduite.

Merci à mes parents, Nicola et Rosella, pour avoir dit « oui » à l'accueil de ma vie et pour avoir fait de moi, en fin de compte, une personne plutôt bien, ainsi que pour tous les petits colliers (et le reste) qu'ils m'offrent. Et merci à mon frère et à ma sœur, Giovanni et Chiara, qui me répondent toujours au téléphone et qui ne le débranchent jamais.

Merci à mes parents spirituels : père Emidio, dont j'ai pillé sans retenue la sagesse, père Bernardo, sœur Chiara Serena, sœur Elvira, Antonella T., et don Ignazio, qui m'ont fait naître à la foi.

Merci aux parents de mon mari, Livio et Marisa, qui ont dit « oui » à l'accueil de sa vie et qui l'ont gardé jusqu'à ce qu'ils réussissent à me le céder. Merci aussi pour toutes les comptines et les lasagnes (à Rafaella pour le rayon pâtisserie).

Merci à toutes mes amies, sources inépuisables de confort et de réconfort. À Marina, qui a collaboré activement en mettant son intelligence, sa sensibilité et ses notes à ma disposition. À Daniela, qui est ma théologienne morale personnelle, consultable jour et nuit par câble et par satellite. À Alessandra, Angela, Antonella, Carmen, Chiara B. et M., Claudia, Costanza, Cristiana, Elisabetta, Emmanuela, Francesca F. et M., Giorgia, Isa, Lucia, Maria Cristina, Maria Grazia, Maura, Morena, Noemi, Paola, Patrizia, Rita, Roberta, Silvia, Silvana, Stefania : des amies fondamentales, des sources d'inspiration continuelle. Il y a dans ce livre un peu de chacune d'elles (et aussi d'Ilda et de Paola qui ne sont plus là).

Merci à Paolo, mon très cher, indispensable ami et maître en humour, à Giancarlo, qui feignait de ne pas voir l'œil vitreux avec lequel je regardais l'écran à la rédaction après les nuits passées à écrire, à Gabriele, toujours précieux dans les moments cruciaux de ma vie.

Merci à ceux qui sont du côté de la vie, de quelque manière que ce soit, Carlo Casini et tous les autres. Merci à Giuliano Ferrara qui a rendu glamour la cause de la vie.

Merci à Jean Kerr et à Erma Bombeck, dont les livres m'ont fait rire jusqu'aux larmes pendant les allaitements nocturnes (de jour, pour ne pas se faire remarquer en public, mieux vaut une élégante couverture Adelphi ou Fondazione Lorenzo Valla).

Merci à Jo Croissant, qui, avec *La femme sacerdotale* dans lequel j'ai puisé à pleines mains, m'a aidée, ainsi que plusieurs amies, à comprendre le sens mystérieux et merveilleux de notre mission.

Un remerciement spécial pour Camillo Langone, qui m'a inspirée et accompagnée : sans lui aucune ligne de ce livre n'existerait. Peut-être pas une grande perte pour l'humanité mais quoi qu'il en soit, merci.

Aux éditions du Centurion

ESSAIS

Adieu Simone, Les dernières heures du féminisme, Gabrielle Cluzel
Épouse-la et meurs pour elle, Costanza Miriano
Petit manuel d'écologie humaine, René et Isabelle Écochard
Petit manuel de la femme au foyer, Brigitte Jacquelin
Nos Limites, Gaultier Bès, avec Marianne Durano et Axel Rokvam
Habemus Papas, Antoine Assaf
Discours philosophique et discours spirituel, Guy Lardreau (à paraître)
Faces de l'ange déchu, Guy Lardreau (à paraître)

ÉCRITS BREFS

Des devoirs littéraires des chrétiens, Frédéric Ozanam
La vocation des la nation française, Henri Lacordaire
Le catholicisme et la démocratie, Henry Maret

COLLECTION « PAROLES DE DIEU »

Paroles de Dieu pour les épouses, Yvette Mailliet le Peven
Paroles de Dieu pour les pères de famille, Simon Chouanard (à paraître)
Paroles de Dieu pour trouver la paix, Christophe Raimbault
Paroles de Dieu pour les impatients, Nicolas Vinot-Préfontaine
Paroles de Dieu pour reprendre courage, Joseph Stricher
Paroles de Dieu pour les responsables politiques, Laurent Stalla-Bourdillon
Paroles de Dieu pour les gourmets, Gérard Billon
Paroles de Dieu pour les amoureux, Maurice Autané
Paroles mystérieuses de l'Évangile, Monique Piettre

BEAUX LIVRES

Bruegel, de Babel à Bethléem, Claude-Henri Rocquet
Méditation de Noël, Claude-Henri Rocquet
Veilleurs, collectif

JEUNESSE

Voyage dans la Genèse
Voyage avec Jésus
Je serai soldat, alphabet militaire

www.editions-lecenturion.fr

Direction artistique : Avril du Payrat

Achevé d'imprimer en France en septembre 2017
sur les presses de La Source d'Or (63)

*Dans le cadre de sa politique de développement durable,
La Source d'Or a été référencée IMPRIM'VERT® par son organisme consulaire de tutelle.
Cet ouvrage est imprimé - pour l'intérieur - sur papier bouffant 80 g main de 1.8
provenant de la gestion durable des forêts, produit par des papetiers dont les usines
ont obtenu les certifications environnementales ISO 14001 et E.M.A.S.*

ISBN 979 10 92801 32 3

www.editions-lecenturion.fr